4ᵉ Vente **VIGNÈRES** (Nº 36)

PORTRAITS

ANCIENS

CLASSÉS PAR GRAVEURS

PREMIÈRE PARTIE

VENTE

HOTEL DROUOT — SALLE Nº 4

Du Jeudi 5 au Samedi 7 Mars 1885

A UNE HEURE ET DEMIE

Mᵉ Maurice **DELESTRE**	M. **DUPONT** aîné
COMMISSᵉ-PRISEUR	MARCHAND D'ESTAMPES
Rue Drouot, nᵒ 27	Rue de Seine, nᵒ 21

EXPOSITION PUBLIQUE

Le Mercredi 4 Mars 1885, de deux heures à cinq heures.

PORTRAITS

Gravés par P.-A. Varin et Autres

POUR ILLUSTRER

LES GRAVEURS DU XVIIIe SIÈCLE

ESTAMPES, PORTRAITS, VIGNETTES

PAR

M. le baron R. PORTALIS et M. H. BERALDI

Publiés par MM. MORGAND et FATOUT

1er VOLUME

* Anselin.
* Balechou.
* Bartolozzi.
Boucher.
* Cars.
* Chedel.

---

* Chodowiecki.
Choffard.
Cochin.
Debucourt.
* Denon.
* Desrochers.

2e VOLUME

Eisen.
Fragonard
Gaucher.
Gillot.
Gravelot.
Greuze.

---

* Hogarth.
* Janinet.
* Lalive de Jully.
Launay (N. De).
Lecomte (Marg.).
* Longueil (De).

3e VOLUME

Marcenay (De).
* Miger.
Moreau le jeune.
* Ponce.
Prudhon.
Regnault.

Saint-Aubin (Aug. de)
Saint-Non (Abbé de).
* Schmidt (G.-F.).
Watteau.
Watelet.
Wille.

Les 15 Portraits avec * gravés spécialement pour cette suite, ne se vendent qu'ensemble avant la lettre ou lettre grise.

Bistre ou Noir, 30 fr.; sur Chine, 37 fr. 50.

En Bistre ou en Noir, chaque.. .. .. 1 »
Sur Chine.. . ... 1 25

Chez VIGNÈRES, éditeur, 21, rue de la Monnaie

Vve RENOU, MAULDE et COCK, imprs de la Cie des Commissaires-Priseurs, rue de Rivoli, 144.   500—53090

CATALOGUE

PORTRAITS ANCIENS

CLASSÉS PAR GRAVEURS

CATALOGUE

(N° 36)

DE

PORTRAITS

ANCIENS

CLASSÉS PAR GRAVEURS

PREMIÈRE PARTIE

Alix — Baléchou — Bartolozzi — Beauvarlet
Bonnart — Campion de Tersan — Carmontelle — L. Cars
Cathelin — Chéreau — Chevillet — Choffard

C.-N. COCHIN

Cossin — Dagoty — Daullé — Denon — Drevet — Duflos
Dupin — Edelinck — Fiquet — Flipart, etc.

4ᵉ VENTE

Par suite du Décès de M. VIGNÈRES

MARCHAND D'ESTAMPES

HOTEL DES COMMISSAIRES-PRISEURS

RUE DROUOT, 9, SALLE N° 4

Du Jeudi 5 au Samedi 7 Mars 1885

A UNE HEURE ET DEMIE

Par le ministère de Mᵉ **MAURICE DELESTRE**, Commissaire-Priseur
rue Drouot, 27,
Assisté de **M. DUPONT aîné**, Marchand d'Estampes, rue de Seine, 21.

EXPOSITION PUBLIQUE

Le Mercredi 4 Mars 1885, de deux heures à cinq heures.

PARIS — 1885

CONDITIONS DE LA VENTE

—

Elle sera faite au comptant.

Les Acquéreurs paieront CINQ POUR CENT, en sus des enchères, applicables aux frais.

M. DUPONT, chargé de la vente, se réserve la faculté de réunir ou de diviser les lots.

ORDRE DES VACATIONS

—

PREMIÈRE VACATION — Jeudi 5 Mars

Portraits........................... Nᵒˢ 1 à 103
OEuvre de Cochin .... 341 à 402

DEUXIÈME VACATION — Vendredi 6 Mars

Portraits.......................... Nᵒˢ 104 à 340
OEuvre de Cochin .... 403 à 501

TROISIÈME VACATION — Samedi 7 Mars

Portraits .... Nᵒˢ 543 à 708
OEuvre de Cochin .... 502 à 542

—

Mᵐᵉ VIGNÈRES continue de vendre les Portraits qui lui sont demandés.

S'ADRESSER RUE DE LA MONNAIE, 21, A L'ENTRESOL

Les Lundis, Mercredis et Vendredis, de 10 heures à 5 heures

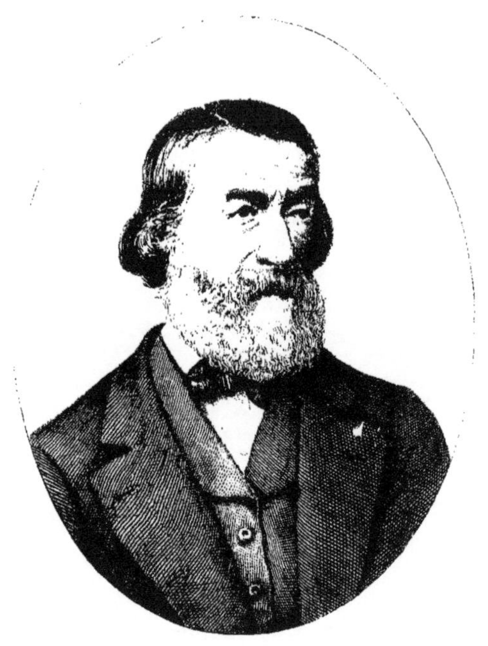

Jean Eugène VIGNÈRES

Le 17 février 1884 s'éteignait doucement, à Hyères, un honnête homme qui s'était occupé pendant toute son existence du commerce des Estampes. Avant de s'établir pour son propre compte, il avait été successivement attaché comme commis, chez de nombreux marchands de gravures. Il débuta chez Mme Journaux, rue Guénégaud, et chez Picot, rue du Coq; il quitta ses premiers patrons pour entrer chez Frérot, rue Neuve-Saint-Étienne, chez Collas, rue de Rivoli, puis chez Piéri Bénard, dont il ne sortit que pour prendre lui-même une boutique dans la rue du Carrousel. A l'époque où Vignères se décida à faire, à ses risques et périls, le commerce des Estampes (1840), la place du Carrousel était le centre des marchands de Gravures; ils étaient installés dans des boutiques plus ou moins grandes, fort mal construites et la vente se faisait en dehors aussi souvent qu'à l'intérieur. Chaque commerçant avait à la porte des portefeuilles à prix marqués dans lesquels les passants avaient le loisir de fouiller, et le nom d'étalagiste donné aux bouquinistes des quais pouvait également ment s'appliquer aux marchands d'images de la place du Carrousel. Le voisinage du musée du Louvre donnait une clientèle toute naturelle à ces commerçants en plein air, qui quittèrent bien à regret leurs boutiques le jour où la réunion du Louvre aux Tuileries fut résolue.

Vignères avait, comme tous ses confrères, quelques portefeuilles à sa porte, mais il en avait moins que les autres. Ayant, même à ses débuts, cet esprit d'ordre qui ne l'abandonna jamais, il s'indignait contre ces curieux de hasard, contre ces flaneurs qui ne remettaient pas exactement à sa place l'image qu'ils avaient sortie du portefeuille pour la regarder à loisir. Aussi n'exposait-il à cet examen perpétuel que les estampes auxquelles il n'attachait qu'une importance fort minime. Si l'on pénétrait dans sa boutique pour lui demander un ou plusieurs portraits, — à cette époque de son existence il ne s'occupait presque exclusivement que de portraits, — il répondait de suite s'il pouvait ou non satisfaire à la demande qui lui était faite. Tout était rangé méthodiquement, chaque catégorie de personnages avait son ou ses portefeuilles, et dans les cartons les portraits étaient classés par ordre alphabétique. Grâce à cette facilité donnée aux amateurs, Vignères recevait de nombreux visiteurs et sa boutique était devenue le rendez-vous d'un certain nombre de curieux qui, à cette époque déjà, remplissaient de portraits les livres de leur bibliothèque : tous les bibliophiles du temps y passaient. Vers 1850, Vignères, forcé de déménager, alla s'établir quai de l'Ecole, et c'est pendant qu'il occupait ce nouveau local, qu'il se mit à diriger des ventes et qu'il prit le titre d'expert. Depuis le 12 décembre 1853 jusqu'au 22 novembre 1883, il renonça pour ainsi dire au commerce pour diriger des ventes d'Estampes. Pendant ce long espace de temps, il fit quatre cent quatre-vingt-quinze ventes et il ne s'arrêta que lorsque les forces le trahirent. Parmi ces ventes il y en a un certain nombre de très importantes : celles du baron de Vèze (1855), de M. Alphonse

David (1859), de Lajariette (1861), de Jourdan (1862),
de Vivenel (1862), de Leblanc (1865), de Pelletier (1867),
de Capé (1868), de la Villestreux (1872), de Palla (1873),
de Villot (1875), d'Emmanuel Martin (1877), du Dr Roth
(1878), de Michelot (1880), sont les principales.

Ces ventes occupaient tellement Vignères qu'il ne
vendait depuis longtemps presqu'aucune des gravures
qu'il possédait dans ses cartons. Aussi trouva-t-on, lors
de son décès, un nombre considérable de portefeuilles
contenant des Estampes en fort bon état qui seront successivement présentées aux enchères.

Jean Eugène VIGNÈRES était né à Paris le 24 juil-
let 1812 ; il était donc dans sa soixante-douzième année
lorsqu'il est mort ; à le voir courir dans les rues, s'agiter
à l'Hôtel des Commissaires-Priseurs pendant ses ventes,
on ne lui aurait pas donné cet âge. Un malheur cruel, la
mort de son fils, l'avait vieilli singulièrement, mais il sem-
blait, dans ces dernières années, avoir vaincu sa pro-
fonde douleur. Il trouvait dans un travail incessant,
sinon une consolation, du moins un adoucissement à
son chagrin. Sous une certaine rudesse apparente,
Vignères cachait une obligeance parfaite. On nous per-
mettra de rappeler à ce propos un fait qui nous est
connu. Vers 1845, un enfant avait puisé dans la maison
paternelle le goût des images et avait formé des albums
en coupant dans les prospectus que recevait son père les
gravures qui s'y trouvaient. Son ambition de collectionneur s'était bientôt accrue, et au lieu d'aller aux
Tuileries ou au Luxembourg jouer tous les jeudis et tous
les dimanches, il se dirigeait souvent vers la place du
Carrousel et passait des journées à feuilleter les cartons
exposés à la devanture des marchands. Quelquefois il

s'aventurait à demander le prix d'une Estampe qui lui paraissait admirable, et toujours le prix était trop élevé pour sa bourse qui n'était pas bien garnie. On avait fini par si bien connaître ce collectionneur indigent place du Carrousel qu'on répondait à peine à ses questions timides, et qu'un jour même, sans vouloir dire combien telle estampe se vendait, on referme le portefeuille en disant : Cette gravure est trop chère pour vous. Un seul marchand accueillait le gamin et lui permettait d'entrer dans sa boutique examiner ses cartons ; ce marchand était Vignères ; il avait compris qu'il avait à faire à un enfant désireux de s'instruire, à l'un de ces amateurs en herbe qui ont plus de bonne volonté que d'argent ; il lui montrait ce qui pouvait l'intéresser, causait avec lui et lui apprenait que rue Richelieu, il y avait une admirable collection d'Estampes où l'on admettait les jeunes gens qui voulaient sérieusement travailler. Cet enfant qui est devenu un homme n'a pas oublié cette bonne indication et a passé, depuis, le meilleur de son temps au Cabinet des Estampes de la Bibliothèque nationale.

Georges DUPLESSIS.

PORTRAITS

ADAM (J.)

1 — Marie-Amélie, archiduchesse d'Autriche, d'après
Beirin.

Très belle épreuve avant l'adresse d'Artaria.

2 — Le comte de Provence, le comte d'Artois et le
prince de Condé, dans un médaillon, d'après Ant.-
Klein.

Très belle épreuve avant l'adresse d'Artaria.

3 — Marie-Louise, femme de l'archiduc Ferdinand
d'Autriche. — Marie-Thérèse, femme de l'archiduc
François, d'après Bosch.

Deux pièces, très belles épreuves, avant l'adresse.

4 — Marie-Louise, impératrice des Romains, d'après
Bosch. — Marie-Louise de Bourbon, infante d'Espagne, d'après Ant. Mengs.

Deux pièces, belles épreuves, dont une avant l'adresse.

5 — Gédéon, marquis de Loudon à cheval, in-4°. —
Le même personnage en buste, in-8°. — Le prince
de Tour et Taxis. — Le prince de Lichtenstein. —
Le comte de Rosenberg. — Ant. Clemens, duc de
Saxe.

Six pièces, belles épreuves.

ADAM (J.)

6 — Léopold II, d'après Kreutsinger, en forme de tête de page. — François, archiduc d'Autriche, d'après Bosch. — Léopold II, empereur des Romains. — Alexandre-Léopold, archiduc d'Autriche. — Quarin, médecin. — J. Wiser.

> Six pièces, avant l'adresse d'Artaria.

7 — Joseph II, empereur d'Autriche. — Le grand Frédéric. — Léopold II. — François, archiduc d'Autriche. — Albert-Auguste, prince de Saxe. — Pie VI. — Maximilien, archevêque de Cologne. — Frédéric-Charles, électeur de Mayence. — Ignatius à Born, etc.

> Treize pièces, belles épreuves.

AGINCOURT (S. d')

8 — Mme Le Brun et sa fille. — Le Cardinal de Bernis et autres.

> Cinq pièces gravées à l'eau-forte.

ALIAMET (J.)

9 — Noël Hallé, d'après Denon, in-8°.

> Epreuve avant la lettre, toute marge.

10 — Le même Personnage, in-4°.

> Epreuve avec le nom de Hallé en petites lettres, toute marge.

11 — Le même Portrait.

> Deux épreuves avec le nom en plus gros caractère, dont une avec l'adresse de Bligny et l'autre avec celle d'Esnault et Rapilly, toute marge.

ALIX (P.-M.)

12 — Berthier (le général), d'après Le Gros.

Très belle épreuve en couleur, grandes marges.

13 — Charlotte Corday, d'après Garnerey.

Epréuve avant toutes lettres, en couleur, grandes marges.

14 — Le même Portrait.

Belle épreuve en couleur, grandes marges.

15 — Pierre Corneille.

Epreuve avant toutes lettres, en couleur, grandes marges.

16 — Helvétius.

Deux épreuves en couleur, dont une sans lettres, grandes marges.

17 — Jean de La Fontaine.

Belle épreuve, sans lettres, en couleur, grandes marges.

18 — Lavoisier.

Epreuve avant la lettre, en couleur, grandes marges.

19 — Michel Lepelletier.

Belle épreuve en couleur, peu de marge.

20 — Mlle Maillard, du théâtre des Arts, d'après Garnerey.

Très belle épreuve en couleur.

21 — Lamoignon de Malesherbes.

Deux épreuves en couleur, dont une avant la lettre, le nom du graveur à la pointe.

22 — Michu, du théâtre de l'Opéra-Comique.

Très belle épreuve en couleur.

23 — Poquelin de Molière.

Epreuve avant la lettre, en couleur, le nom du graveur à la pointe, grandes marges.

ALIX (P.-M.)

24 — Stanislas Auguste, roi de Pologne, d'après Laplace, rond in-12.

Belle épreuve en noir, toute marge.

25 — Boileau. — Condillac. — Fontenelle. — Mably. — Pie VII.

Cinq pièces, belles épreuves en couleur, grandes marges.

26 — Jacques Delille. — Descartes. — Fénelon.

Trois pièces avant la lettre, en couleur, grandes marges.

27 — La Bruyère. — Mably. — Montesquieu. — Raynal.

Quatre pièces avant la lettre, en couleur, grandes marges.

28 — Diderot. — Mirabeau. — Jean-Jacques Rousseau. — Voltaire.

Cinq pièces en couleur, grandes marges.

29 — Guillaume-Tell. — Brutus. — Solon.

Quatre pièces en couleur, dont trois avant la lettre.

ALLAIS (Ang. Briceau, femme)

30 — Barra (Joseph).

Très belle épreuve en couleur, grandes marges.

31 — Chalier (Joseph), membre de la Commune de Lyon.

Très belle épreuve en couleur, grandes marges.

32 — Lepelletier (Michel).

Très belle épreuve en couleur, grandes marges.

33 — Marat (J.-P.).

Très belle épreuve en couleur, grandes marges.

34 — Rousseau (J.-J.).

Très belle épreuve en couleur, grandes marges.

ALLAIS (Ang. Briceau. femme)

35 — Viala (Agricola).

Épreuve avant toutes lettres, en couleur, grandes marges.

AUBERT (M.)

36 — Charles, prince de Galles, d'après de Latour.

Très belle épreuve, grandes marges.

37 — Louis, dauphin de France, père de Louis XVI. d'après Latour.

Épreuve avant les noms des artistes et avec l'adresse d'Aubert.

38 — Le même Portrait.

Deux épreuves, dont une avec l'adresse de Buldet et l'autre avec la tablette du bas agrandie et les mots : *Père de Louis XVI...* sur une troisième ligne.

AUDRAN (B.)

39 — Jeune Femme assise au milieu d'un portique, entourée des attributs des Arts et tenant le portrait en médaillon de Louis XIV, d'après Ant. Coypel ; tête de page, in-12.

Deux épreuves dont une non terminée et l'autre avec les noms des artistes et le portrait de Louis XIV avec des changements.

40 — Tête de page représentant Minerve et l'Immortalité, soutenant le médaillon de Louis XV enfant, d'après Coypel.

Très belle épreuve sans texte au verso.

41 — Béringhen (Henri de), gouverneur de Marseille, d'après Nanteuil.

Très belle épreuve du 1er état avant la cuirasse, plus une épreuve du 2e état.

AUDRAN (B.)

42 — Bignon (Jean-Paul), abbé de saint Quentin, d'après Vivien.

Deux belles épreuves, dont une du 2ᵉ état, avec la dédicace à Franç. De Grain et l'année 1703.

AUDRAN (J.)

43 — Affincourt (Clément d'). Ingénieur du Roy, d'après Rigaud.

Très belle épreuve.

44 — Pardaillon de Gondrin, duc d'Antin (Louis Ant. de). — Victor-Marie d'Estrées, maréchal de France.

Deux pièces, très belles épreuves.

45 — Secousse (Rob.), d'après Rigaud. — Dominique Barn. Turgot, évêque de Séez, d'après Rane.

Deux pièces, très belles épreuves.

46 — Médailles de Louis XIV, d'après Benoist.

Deux pièces, belles épreuves.

AUVRAY (P.-L.)

47 — Laruette, dans *Les deux Chasseurs et la Laitière*, d'après Monnet.

Épreuve avant toutes lettres.

48 — Le même Portrait.

Très belle épreuve, grandes marges.

AVELINE (P.)

49 — Un cartouche de style rocaille au milieu duquel sont suspendus deux médaillons de grandeur différente, dont l'un contient un portrait d'Homme et l'autre un portrait de Femme avec quatre vers sur la console : *Le sort de ce couple aimable..... etc*, in-8°.

Très belle épreuve. Rare.

AVELINE (P.)

50 — Monoyer (Jean-Baptiste), peintre de fleurs, d'après Kneller.

> Très belle épreuve.

AVRIL (J.-J.)

51 — Ducis, d'après Mme Guiard, in-fol.

> Très belle épreuve avant la lettre.

52 — Ducis. — Brizard, d'après Mme Guiard.

> Deux pièces, belles épreuves.

BAILLIE (W.)

53 — Guillaume, prince d'Orange et son père le roi Guillaume III, à cheval, d'après Terburg.

> Très belle épreuve du 1er état.

54 — Franc Hals, peintre.

> Belle épreuve.

BALECHOU (J.)

55 — Aved (Anne-Charlotte Gauthier de Loiserolle, Mme).

> Superbe épreuve d'un 1er état, avec *Aved pinx* à gauche, et *Baléchou sculpt....* à droite, avec des essais de burin dans la marge.

56 — Le même Portrait.

> Très belle épreuve avec : *peint par Aved*, grandes marges.

57 — Châteauroux (Mme de), sous les traits de *La Force*, d'après Nattier.

> Très belle épreuve.

58 — Jullienne (Jean de). Amateur, tenant le portrait de Watteau, d'après Detroy.

> Très belle épreuve.

BALECHOU (J.)

59 — Parme (Louise-Elisabeth de France, duchesse de), sous la figure de *La Terre*, d'après Nattier.

> Très belle épreuve.

60 — La Popelinière (A. J.-J. Le Riche de), tenant une fleur, d'après Vigée.

> Très belle épreuve.

61 — Loiserolle (Mlle), sœur de Mme Aved, tenant un rouet.

> Très belle épreuve.

62 — Porée (Ch.), d'après Neilson.

> Deux épreuves, dont une d'un 1er état, avec l'adresse du graveur.

63 — Portrait d'un prélat, vu à mi-corps, tenant sa barette de la main gauche, in-fol.

> Très belle épreuve avant la lettre, avec le cartouche des armes en blanc, avec des essais de burin dans les marges.

64 — Autre portrait d'un évêque, debout près d'une console, tenant des feuillets de papier de la main gauche, in-fol.

> Très belle épreuve avant toutes lettres, le médaillon des armes en blanc.

BAQUOY (C.)

65 — Fouquet de Belle-Isle (Ch.), tête de page, d'après de Sève, in-8°. — Lit de justice contre le connétable de Bourbon, in-4°.

> Deux pièces, tirage hors texte.

BARBIÉ (J.)

66 — Catherine II. impératrice de toutes les Russies.
d'après de Mailly.

Deux épreuves, dont une avec les quatre lignes du bas effacées,
toutes marges.

67 — Estaing (Charles-Henri. comte d'). — Le marquis
de Montcalm.

Deux pièces, belles épreuves.

68 — Turenne. — Voltaire. — Pasquier-Quesnel.

Quatre pièces, belles épreuves.

BARON (C.)

69 — Buffon, d'après Drouais. — Victor Tristant.
économe du château royal de Bicêtre, d'après
Cochin.

Deux pièces, très belles épreuves.

70 — Caradeuc de la Chalotais, d'après Cochin.

Deux épreuves, dont une avant les quatre vers et l'adresse de
Buldet.

71 — Dumont (Gab.-Martin), professeur d'architecture.
d'après Kucharski.

Très belle épreuve. En bas : *J. M. Moreau le jeune, 1767, s.*

BARTOLOZZI (F.)

72 — Beauclerk (Lady Catherine). d'après F. Cotes.

Très belle épreuve à la sanguine.

73 — Brancas-Nivernois (Marie-Thérèse de).

Très belle épreuve.

74 — Cagliostro (le comte de). in-fol.

Très belle épreuve avant la lettre imprimée en bistre.

2

BARTOLOZZI (J.)

75 — Le même Portrait.

Très belle épreuve en bistre, toute marge.

76 — Cipriani, peintre et graveur.

Belle épreuve, grandes marges.

77 — Cosway (Maria), d'après R. Cosway, in-8°.

Superbe épreuve en couleur, avant toute lettre, grandes marges.

78 — Cosway (Maria), assise dans un jardin. d'après Richard Cosway, in-4°.

Très belle épreuve en couleur.

79 — Le même Personnage.

Belle épreuve avec dédicace à M. le marquis de Saint-Blancard, grandes marges.

80 — Cowper (Anne, comtesse), d'après Hamilton.

Très belle épreuve en couleur, toute marge.

81 — Duncannon (Henrietta-Frances. viscountess), d'après la comtesse Spencer.

Très belle épreuve en bistre.

82 — Duncannon (Lady), d'après Downman.

Belle épreuve en bistre.

83 — Gainsborough (Thomas), d'après lui-même.

Très belle épreuve.

84 — Gautherot (Mrs), tenant un violon, d'après P Violet.

Très belle épreuve.

85 — George, prince de Galles, d'après P. Violet.

Superbe épreuve en couleur, toutes marges.

BARTOLOZZI (J.)

86 — Haëndel, couronné par un génie, d'après Cipriani.
— L'Immortalité couronnant le buste de Georges III,
d'après Tresham, en forme de frise. — Médaille de
Georges III, d'après Cipriani.

Trois pièces, belles épreuves.

87 — Haydn (Giuseppe), d'après Ott.

Deux très belles épreuves, dont une en bistre, avec le nom du
personnage gravé différemment.

88 — Juchen (Martin van), colonel, d'après A. Schou-
man, in-fol.

Très belle épreuve.

89 — Kauffmann (Angélica), d'après Joshua Reynolds,
in-fol.

Très belle épreuve à la sanguine.

90 — Le même Portrait.

Très belle épreuve en noir.

91 — Lubomirski (Henri), d'après R. Cosway.

Deux épreuves, dont une en bistre avec le nom remplacé par
Youth et avec quatre vers ; toutes marges.

92 — Marlborough (le duc et la duchesse de), avec leur
fils, d'après Sam. Shelley.

Épreuve avant la lettre, grandes marges.

93 — La même Estampe.

Très belle épreuve imprimée en bistre.

94 — Riddell (Lieutenant J.-G.), d'après Downman.

Très belle épreuve en bistre.

95 — Spencer (Georgina, comtesse), d'après Gainsborough.

Superbe épreuve, marges.

BARTOLOZZI (J.)

96 — Stanhope (Leicester), d'après Joshua Reynolds.

Très belle épreuve en bistre.

97 — Van der Noot (Henri-Ch.), avocat au conseil souverain de Brabant, d'après P. de Glein, in-fol.

Très belle épreuve avant la lettre, en bistre, grandes marges.

98 — Le même Portrait.

Très belle épreuve.

99 — Richard Cosway. — John Fothergill. — J. Evelyn. Henry Brandon. — Samuel Johnson. — Th. Maggi. — Vincent Lunardi. — E. Malone. — Général de Vallere. — Car. Woide, etc.

Vingt pièces en bistre et en noir.

BARTSCH (Adam)

100 — Arnold (Le P.), assis dans un jardin.

Belle épreuve. Très rare.

101 — Son Portrait, d'après lui-même. — Le baron de Knesewich. — Le prince de Ligne. — Ferd. Bol.

Quatre pièces, belles épreuves.

BASAN

102 — Portrait de Louis XV, d'après Van Loo.

Superbe épreuve d'une planche ovale, sans aucune lettre.

103 — Louis XV étant jeune. — Christophle Lemenu de Saint-Philbert, d'après Lefèvre l'aîné.

Deux pièces, très belles épreuves.

BAUDOUIN (De)

104 — Gontaut (L.-A. de), duc de Biron, pair et maréchal de France, in-fol.

Très belle épreuve du premier état avec : *Baudouin, colonel d'infanterie et lieutenant au régiment des Gardes françaises, Sculpebat 1761.*

105 — Le même Portrait.

Très belle épreuve avec la cinquième ligne commençant par ces mots : *Gravé par le comte de Baudouin......*

BAZIN (N.)

106 — Portrait de M. Hélyot, conseiller de la Cour des Aydes. — Le vrai portrait de Mme Hélyot.

Deux pièces, très belles épreuves.

107 — Portrait de Mme Hélyot.

Deux pièces différentes, grandes marges.

BEAUMONT (De)

108 — Chauray (Franç.-René), avocat.

Pièce gravée à l'eau forte. Rare.

BEAUMONT (P.-F.)

109 — Pourfour-du-Petit (Franç.), docteur en médecine, d'après Restout.

Superbe épreuve, toutes marges.

BEAUVARLET

110 — Bouchardon (Edme), sculpteur, d'après Drouais.

Très belle épreuve, marge.

BEAUVARLET

111 — Desmaretz (le R. P.), d'après Jouffroy. — Le R. P. Sylvain Perrussault, Jésuite, d'après Dachon.

Deux pièces, belles épreuves, toute marge.

112 — Dubarry (la comtesse), en veste de chasse, d'après Drouais.

Magnifique épreuve avant la lettre.

113 — Nollet (J.-A.), de l'Académie royale des sciences, d'après La Tour.

Très rare épreuve avec le nom, mais avant le cadre ; plus une épreuve du 2ᵉ état, grandes marges.

114 — Pichault (Franç.-Maurice), docteur en théologie.

Très belle épreuve sans noms d'artistes, avec des essais de burin dans les marges.

115 — Vence (Le comte de), in-fol.

Très rare épreuve à l'état d'eau forte, la tête déjà avancée *« et qui ne sera jamais achevée, sa mort étant survenue dans le temps qu'il y travaillait. »*

BEISSON (Et.)

116 — Marat (J.-P.), d'après Boze.

Très belle épreuve, grandes marges.

117 — Rabaud Saint-Etienne, d'après Boze.

Très belle épreuve avant la lettre, grandes marges.

BELJAMBE (P.)

118 — Bailly (Jean-Sylv.), maire de Paris, d'après Monnet.

Deux épreuves avant l'adresse de Beljambe, dont une en couleur et l'autre en bistre, toutes marges.

BELJAMBE (P.)

119 — Le même Portrait.

Trois épreuves, avec l'adresse en couleur, en bistre et en noir toutes marges.

120 — Le vertueux Joseph Cange, commissionnaire de Saint Lazare, d'après Legrand.

Très belle épreuve en bistre, toutes marges. Rare.

121 — Le courageux Joseph Chrétien, âgé de 17 ans.

Belle épreuve.

122 — Lamétrie, d'après Notté.

Épreuve avant la lettre, toute marge.

123 — Mlle Renaut l'aînée, chanteuse, d'après Monnet.

Très belle épreuve avant la lettre, en bistre.

BENOIST (A.)

124 — Louis XV, roi de France, d'après Blackey, in-fol.

Belle épreuve.

BENOIST (G.)

125 — Boussard (Jean), garde pavillon de la Jetée du port de Dieppe, d'après Méon.

Très belle épreuve.

126 — Clairon de la Tude (Hypolyte).

Belle épreuve.

127 — Diderot, d'après Greuze.

Épreuve avant toutes lettres, grandes marges.

BENOIST (L.)

128 — Le même Portrait.

Très belle épreuve avec l'adresse de Bligny et avant le numéro, toute marge ; plus une épreuve avec le n°.

129 — Floncel (Alb.-Franç.), avocat au Parlement de Paris, d'après Cochin.

Deux épreuves, dont une d'un premier état, avec deux lignes d'inscription sur le dernier volume à droite de l'estampe.

130 — Haydn, musicien. — Imbert, in-8.

Deux pièces avant la lettre.

131 — Hue, marquis de Miroménil.

Très belle épreuve.

132 — Le docteur Young, in-8.

Deux épreuves, dont une avant toutes lettres et avec un encadrement qui a été supprimé.

BERNARD (L.)

133 — Louis XIV. — Le grand Dauphin, in-fol.

Deux portraits gravés à l'aquatinte ; le premier est avant toutes lettres.

BERTHET (L.)

134 — Rétif de la Bretonne (Nic.), d'après Binet.

Très belle épreuve avant les vers et l'adresse de Regnault grandes marges.

135 — Le même Portrait.

Très belle épreuve.

BERVIC

136 — Le Tellier (Michel), d'après Nanteuil.

Très belle épreuve.

BERVIC

137 — Linné, d'après Roslin.

> Très belle épreuve.

138 — Sénac de Meilhan (Gabriel), d'après Duplessis.

> Belle épreuve

BLOOTELING

139 — Visscher (Jean), d'après Mutscher.

> Deux épreuves, dont une avant toutes lettres.

BLOT (M.)

140 — Géry (Gulllaume de), abbé de Sainte-Geneviève.

> Très belle épreuve avant la lettre.

BOILY, del. et sc.

141 — Challier (Jos.), membre de la commune de Lyon.

> Deux épreuves, avec des différences dans la lettre, au-dessous des quatre vers.

BOIZOT (M.-L.-A.)

142 — Bruté (Jean-Jos.-Guill.).

> Deux épreuves, dont une avant l'adresse de Flipart, grande marges.

143 — Elisabeth (Madame), sœur du Roy, d'après L.-S. Boizot.

> Très belle épreuve.

144 — Joseph II, empereur, d'après L.-S. Boizot.

> Belle épreuve, toute marge.

BOIZOT (M.-L.-A.)

145 — Louis XVI, roy de France, d'après L.-S. Boizot.
>Deux pièces différentes, dont une à toutes marges.

146 — Provence (La comtesse de), d'après le même.
>Belle épreuve, marge.

BONNART

147 — Bart (Jean), de Dunkerque, capitaine de vaisseau, en pied.
>Deux pièces différentes, belles épreuves.

148 — Bourgogne (M⁵ʳ le duc de), en pied.
>Cinq portraits différents, très belles épreuves.

149 — Law (Jean), contrôleur général des finances. — Le comte de Luxe, en pied.
>Deux pièces, belles épreuves.

150 — Tourville (Anne Hilarion de Cotentin, comte de), en pied, par N. Arnoult.
>Très belle épreuve.

151 — Le duc de Beauvilliers. — Le duc de Berry. — Le duc de Berwich, maréchal de France. — Le maréchal de Boufflers. — Emm. de La Tour d'Auvergne, duc d'Albret. — Le duc de Bourbon. — Le duc de Bourgogne. — Monsieur de Chamilly. — Le maréchal de Chateaurenaud. — Le prince de Condé. — Le prince de Conty. — Léopold Iᵉʳ, duc de Lorraine. Louis le Grand. — Monseigneur le Dauphin. — Le duc du Maine. — Le comte de Médavy. — Le maréchal de Montrevel. — Philippe, duc d'Orléans. — La Famille royale de Savoye. — Le prince Eugène de Savoye. — Le maréchal de Tallard. — Le maréchal de Tessé. — Le comte de Toulouse.
>Vingt-quatre portraits en pied, coloriés du temps, toute marge.

BONNART

152 — La duchesse d'Aumont. — La duchesse de Bourbon. — La duchesse de Bourgogne. — La duchesse d'Humières. — Mesdemoiselles Loison se promenant aux Tuileries. — Madame de Maintenon. — La duchesse de Portsmouth. — La marquise de Seigneley, etc.

Quatorze pièces, belles épreuves.

153 — Philippe de France, duc d'Anjou. — Le marquis de Boufflers. — Le duc de Bourgogne. — Nicolas de Catinat. — Louis XIV. — Le duc du Maine. — Philippe de Vendôme. — Le duc de Villeroy. — M. Vincent de Paul, etc.

Dix-neuf pièces, belles épreuves.

154 — Guillaume III, roi d'Angleterre. — George Auguste, prince de Galles. — Philippe de France, roi d'Espagne. — La princesse de Savoye. — Le roi de Danemark. — L'Électeur de Bavière. — Le roi des Romains. — Le prince de Nassau. — Le duc de Parme, etc.

Cinquante pièces.

BONNET

155 — Louis XV, roi de France, en buste, demi-nature, d'après Van Loo.

Très belle épreuve.

BOSSE (Abraham)

156 — Portrait de Jacques Callot.

Très belle épreuve, marge.

BOSSE (L.)

157 — Boucher (François), peintre, d'après Roslin.

Epreuve avant la lettre, toute marge.

158 — Le même Portrait.

Belle épreuve.

BOUCLER (S.-B.)

159 — Séguier (A.-L.), avocat général du Parlement de Paris.

Très belle épreuve, grandes marges.

BOULANGER (J.)

160 — Conti (Armand de Bourbon, prince de). — Jean Regnault de Segrais, d'après A. Flamen.

Deux pièces, très belles épreuves.

161 — Le vray Pourtraict de Mademoiselle Le Gras, fondatrice et première supérieure des Filles de la Charité.

Superbe épreuve.

162 — Moreau (Etienne), évêque d'Autun, d'après C. Bernard.

Très belle épreuve.

163 — Olier (Jean-Jacques), fondateur du séminaire de Saint-Sulpice.

Très belle épreuve.

164 — Magdeleine de Saint-Joseph, religieuse de l'ordre de Notre-Dame du Mont-Carmel.

Très rare épreuve avant toute lettre, grandes marges.

165 — Vincent de Paul, fondateur de la Congrégation de la Mission et des Filles de la Charité.

Belle épreuve, marges.

BOUTELOU (L.)

166 — Caroline, reine de Naples.

Épreuve avant la lettre, avant la vignette dans le médaillon au-dessous du portrait et avant les mots : *Felx et Feas*, écrits en gros caractères sur le cadre du portrait ; imprimée en rouge, grandes marges.

167 — Le même portrait.

Très belle épreuve en bistre, grandes marges.

BOVINET

168 — Les trois Consuls : Bonaparte, Cambacérès et Le Brun, avec une composition allégorique en bas.

Belle épreuve.

BRADEL (J.-B.)

169 — Crébillon (Prosper-Joliot de), d'après Doyen. in-4.

Eau-forte pure.

170 — Le même Portrait.

Très belle épreuve, toute marge.

171 — Eon de Beaumont (La chevalière d'), en femme. in-fol.

Très belle épreuve, marges.

172 — Le même Personnage en capitaine de dragons, pendant du précédent.

Très belle épreuve, marges.

BROOKSHAW (R.)

173 — Brissac (Le maréchal de). d'après Alix, in-fol.

Très belle épreuve avant la lettre, seulement les armes.

CALLOT (Jacques)

174 — François de Médicis (M. 429).

> Belle épreuve.

175 — Portrait de Donato Antella, dit le Sénateur (M. 430).

> Belle épreuve. Rare.

176 — Domenico Peri, entouré d'instruments de labourage (M. 433).

> Très belle épreuve.

177 — Claude Deruet, en pied (M. 505).

> Très belle épreuve, marges.

CAMPION DE TERSAN

178 — Auguste, le plus jeune des frères Campion.

> Epreuve avant le nom du graveur.

179 — Marie Leckzinska?

> Epreuve sans lettre, toutes marges.

180 — Montesquieu, in-4. — Le même Personnage, in-12. — Le même, gravé en camée.

> Trois pièces, belles épreuves.

181 — Morand (Sauv.-F.). des Académies de Paris, Londres, etc.

> Deux épreuves, dont une avant la dédicace, toute marge.

182 — Régny (Franç. de), consul de France à Gênes, d'après Cochin. — F.-P. Mezangui, d'après de Wyl

> Deux pièces, très belles épreuves.

183 — Rohan-Guéménée (Le prince Louis de), d'après Cochin.

> Eau-forte pure.

CAMPION DE TERSAN

184 — Le même Portrait.

> Epreuve d'eau-forte avancée, avec le cadre, grandes marges.

185 — Le même Portrait.

> Très belle épreuve, grandes marges.

186 — Saint-Amand (M. de). d'après Mlle Loir.

> Très belle épreuve.

187 — Verri (N. de). auditeur de Rote, d'après Cochin.

> Deux épreuves, dont une avant un trou fait en haut de la planche.

CARDON (A.)

188 — Cobentzel (Le comte de).

> Très belle épreuve. Rare.

189 — Ligne (Le prince de), d'après Leclercq. — Autre portrait du même Personnage.

> Deux pièces, très belles épreuves.

CARMONA (M.-Salvador)

190 — Aguilar (Le comte de), d'après Weiker.

> Très belle épreuve, toute marge.

191 — Boucher (François), d'après Roslin, in-fol.

> Très belle épreuve.

192 — Rubens (Le fils de Pierre-Paul). assis dans une petite chaise, in-fol.

> Très belle épreuve avant toutes lettres.

193 — Le même Portrait.

> Deux épreuves, dont une avant la lettre, seulement les armes.

CARMONTELLE

194 — Allaire (L'abbé), précepteur du duc de Chartres.

Très rare épreuve avant divers travaux et notamment avant que l'effaçure de la jambe gauche ait été recouverte.

195 — Bachaumont (Louis Petit de), assis, gravé par Houël.

Très belle épreuve, grandes marges.

196 — Bézenval (Le baron de), lieutenant-général des armées, en pied.

Superbe et très rare épreuve avant la lettre et avant le ciel, le nom du graveur à la pointe, marges.

197 — Brizard (Jean-Baptiste), rôle de Narbas dans *Mérope*.

Très belle épreuve.

198 — Chauvelin, assis dans une chambre du Palais-de-Justice.

Très belle épreuve.

199 — Chevreuse (Le duc de). gouverneur de Paris. gravé par Aug. de Saint-Aubin (E. B. 43).

Epreuve du premier état, *non décrit*, à l'eau-forte pure et avant le ciel ; peut-être unique.

200 — Chevreuse (Le duc de), par Aug. de Saint-Aubin. — Le comte de Dunois, fils de Mgr le duc de Chevreuse. par Et. Fessard.

Deux très belles épreuves tirées sur la même feuille, toute marge.

201 — Dortous de Mairan, en pied.

Très belle épreuve avant la lettre. Rare.

202 — Durey de Meynières, ci-devant président de la seconde Chambre des requêtes du Palais, à cheval sur une chaise, par Delafosse.

Très belle épreuve.

CARMONTELLE

203 — Durey de Meynières de Bourneville, officier au régiment des gardes françaises, par Delafosse.

Belle épreuve, grandes marges.

204 — Fontenay (Gaspard-François de), ministre plénipotentiaire de l'Électeur de Saxe, par Delafosse.

Très belle épreuve.

205 — Francklin (Benjamin), assis près d'une fenêtre, par Née.

Très belle épreuve, toute marge.

206 — Lamoignon (Chrétien-François de), président du Parlement, assis.

Très belle épreuve, grandes marges.

207 — Lany (Louise-Madeleine), pensionnaire du roi, par Delafosse.

Très belle épreuve.

208 — Le même Portrait.

Epreuve de la planche réduite de plusieurs centimètres, avec ces mots en haut de la planche : *39ᵉ cahier (bis), de costumes français...* .

209 — Lioncy (Jacques-Fr.), négociant de Marseille, par Miger.

Très belle épreuve, grandes marges.

210 — Neuville (L'abbé de), assis, et M. Girard, brocanteur, debout.

Belle épreuve.

211 — Orléans (Le duc d'), assis, et le duc de Chartres, debout derrière le fauteuil de son père.

Très belle épreuve, avec le nom du graveur à la pointe.

CARMONTELLE

212 — Orléans (Le duc d'), à cheval, avec un cor de chasse en bandoulière, par Delafosse.

    Très belle épreuve.

213 — Resnel (L'abbé de), assis, par Delafosse.

    Epreuve avant la lettre. Très rare.

214 — Trudaine de Montigny, assis, avec un livre posé sur ses genoux.

    Très rare épreuve avant divers travaux et avec le ciel blanc.

215 — Wadner (Le comte de), lieutenant-général des armées du roi, par Delafosse.

    Belle épreuve, marges.

216 — Xaupi (Joseph), assis devant une bibliothèque.

    Très belle épreuve.

217 — Jeune femme, assise, de profil, faisant de la tapisserie, par Demarteau.

    Très belle épreuve à la sanguine, marge.

CARS (Laurent)

218 — Billy de Mesmes (Jean-Jacques), d'après Raoux.

    Très belle épreuve, marges.

219 — Beauveau-Craon (Marc de), d'après Gobert.

    Deux épreuves, dont une avant les mots : *Offerebat.....* autour de l'ovale.

220 — Bouchardon (Edme), d'après Cochin le fils.

    Eau forte pure.

221 — Le même Portrait.

    Très belle épreuve, marge.

CARS (Laurent)

222 — Boucher (François), peintre, d'après Cochin.

Epreuve à l'état d'eau forte avancée, **avant les noms d'artistes,** marge. Très rare.

223 — Le même portrait.

Très belle épreuve, grandes marges.

224 — Chardin (Jean-Siméon), d'après Cochin.

Très belle épreuve, grandes marges.

225 — Chardin (Jean-Siméon), peintre du roi. — Pouget (Fr.-Marg.), femme de M. Chardin, d'après Cochin.

Deux pièces, très belles épreuves.

226 — Orléans (Louis duc d'), d'après Belle. — Le chevalier d'Orléans, grand prieur de France, d'après Raoux.

Deux pièces, très belles épreuves.

227 — Prault (P.), d'après Cochin.

Epreuve avant les noms d'artistes.

228 — Le même Portrait.

Deux épreuves, dont une avant les mots : *Typographus Parisiensis.*

229 — Rohan (Arm.-Gaston, cardinal de), d'après Rigaud, grand in-fol.

Très belle épreuve.

230 — Slodtz (Michel-Ange). — Slodtz (Paul-Ambroise) Slodtz (Sébastien-Antoine), d'après Cochin.

Trois pièces, très belles épreuves, toute marge.

CATHELIN (L.-J.)

231 — Aligre (Et.-Franç. d'), premier président, d'après Cochin, in-fol.

> Très belle épreuve.

232 — Artois (La comtesse d'). d'après Drouais.

> Très rare épreuve à l'état d'eau-forte avancée, le médaillon contenant les armoiries en blanc, toutes marges.

233 — Le même Portrait.

> Superbe épreuve avant toutes lettres, avec toute sa marge.

234 — Le même Portrait.

> Très belle épreuve, toutes marges.

235 — Le même Portrait, réduction in-4.

> Belle épreuve, toute marge.

236 — Baléchou (J.-J.), graveur, d'après Arnavon.

> Épreuve avant toutes lettres, marge.

237 — Le même Portrait.

> Très belle épreuve, toute marge.

238 — Bertin (Henri-Léonard), ministre d'Etat, d'après Roslin.

> Deux pièces, dont une avant que l'adresse de Baigny ait été remplacée par celle d'Esnault et Rapilly.

239 — Boers (Fréd.-Guil.), directeur de l'académie des science de Harlem, d'après Cochin.

> Très belle épreuve, toute marge.

240 — Broglie (Victor-François, duc de), maréchal de France, d'après E. Aubry.

> Très belle épreuve, toute marge.

CATHELIN (L.-J.)

241 — Bruno (Fr.-Marie) comte d'Agay, intendant de Picardie, d'après Chevalier.

Très belle épreuve.

242 — Buffon, d'après Drouais, in-fol.

Épreuve avant toutes lettres, grandes marges.

243 — Le même Portrait.

Très belle épreuve.

244 — Buffon, d'après Drouais, in-12.

Deux épreuves, dont une avant la lettre, toutes marges.

245 — Condé (L.-J. de Bourbon, prince de), d'après Le Noir, in-fol.

Très rare épreuve avant toutes lettres.

246 — Le même Portrait.

Très belle épreuve, toute marge, plus une épreuve avec l'adresse effacée.

247 — Cook (Le capitaine), gr. in-8.

Épreuve avant toutes lettres, marge.

248 — Elisabeth - Philippe - Marie - Hélène de France d'après Ducreux, in-4.

Belle épreuve, toute marge.

249 — Graffigny (Mme de), d'après Garand. — Autre, d'après Chevalier, in-8.

Deux pièces, belles épreuves, toute marge.

250 — Grétry (A.-E.-M.), d'après Mme Vigée Le Brun.

Épreuve avant toutes lettres, la tablette blanche.

251 — Le même Portrait.

Très belle épreuve, toutes marges.

CATHELIN (L.-J.)

252 — Jéliotte (Pierre) de l'Opéra, jouant de la lyre, d'après Tocqué, in-fol.

Très belle épreuve.

253 — Le même Portrait, réduction in-4, dans un cadre orné.

Belle épreuve. toute marge.

254 — Joseph II, empereur des Romains, d'après Ducreux, in-fol.

Très belle épreuve avec l'adresse de Bligny, toute marge.

255 — Le même Portrait.

Très belle épreuve avec l'adresse de Esnault et Rapilly, au-dessous de celle de Bligny.

256 — Joseph II, empereur. — Maximilien-François, frère de l'Empereur, réductions in-4.

Belles épreuves, toute marge.

257 — Le Bas (J.-Ph.), graveur du Roi, d'après Cochin.

Epreuve avant toutes lettres, et avec toute sa marge.

258 — Le même Portrait.

Très belle épreuve.

259 — Le même Personnage, portrait différent.

Epreuve sans noms d'artistes.

260 — Le Cauchois (Pierre-Noël), avocat au Parlement de Normandie, d'après Mme de Noireterre.

Très belle épreuve, toutes marges.

261 — Louis XIV, d'après Rigaud, in-4, pour l'édition de Voltaire, illustrée par Gravelot.

Très belle épreuve. toutes marges.

CATHELIN (L.-J.)

262 — Louis XVI, jeune, gr. in-4.

Très belle épreuve.

263 — Marie-Adélaïde-Clotilde-Xavière de France, princesse de Piémont, d'après Ducreux, in-fol.

Très belle épreuve, toutes marges.

264 — Marie-Thérèse, reine de Hongrie et de Bohème, d'après Ducreux, in-4.

Belle épreuve, toutes marges.

265 — Maupeou (René-Nic. de), chancelier, garde des sceaux.

Très belle épreuve, toutes marges.

266 — Paradis de Moncrif, d'après La Tour.

Deux épreuves dont une avant toutes lettres.

267 — Piccini (Nic.), musicien, d'après Robineau.

Très belle épreuve avec la première adresse, grandes marges.

268 — Le même Portrait.

Deux épreuves dont une avec l'adresse de Basan et l'autre avec celle de Bligny.

269 — Pluche (L'abbé), d'après Blakey,

Deux épreuves dont une avant toutes lettres.

270 — Poussin (Nicolas), d'après lui-même, in-fol.

Belle épreuve, grandes marges.

271 — Prault fils (L.-F.), d'après Cochin.

Très belle épreuve, toute marge.

272 — Provence (Le comte de), d'après Ducreux, in-4

Belle épreuve, toutes marges.

273 — Le même personnage, d'après Drouais.

Très belle épreuve.

CATHELIN (L.-J.)

274 — Le même Portrait, réduction in-4.

> Belle épreuve, toutes marges.

275 — Provence (La comtesse de), d'après Drouais.

> Superbe épreuve avant toutes lettres et avec toute sa marge

276 — Le même Portrait.

> Très belle épreuve, toutes marges.

277 — Rouelle (Guill.-Fr.), apothicaire de Paris, d'après Chevalier.

> Belle épreuve, toute marge.

278 — Stanislas, roi de Pologne, d'après Massé, in-8.

> Très belle épreuve.

279 — Turgot (Etienne-Fr.), d'après Drouais.

> Très belle épreuve.

280 — Vernet (Joseph), d'après Moreau le jeune.

> Belle épreuve, marge.

281 — Le même Personnage, d'après Vanloo, in-fol.

> Très belle épreuve, marges ; plus une épreuve de la réduction in-4.

282 — Victor Amédée de Savoie, roi de Sardaigne.

> Belle épreuve, grandes marges.

283 — Voisenon (L'abbé de), d'après Cochin, in-8.

> Belle épreuve, toute marge.

284 — Portrait d'un Homme d'État étranger, assis devant un bureau, une plume à la main, d'après J.-A. Kaldenbach, in-fol.

> Très rare épreuve avant toutes lettres et avant le complément de la bordure, marges.

CATHELIN (L.-J.)

285 — Le même Portrait.

Épreuve avant la lettre, mais avec les armes et les noms d'artistes.

286 — Alembert (D') — Diderot, — Clairaut, d'après Cochin. — Le maréchal de Noailles.

Quatre pièces, très belles épreuves.

287 — Caffin (J.-C.). — Godefroy de Villetaneuse. — J. Gosseaume. — J.-L. Trévilliers.

Cinq pièces, médaillons ronds. très belles épreuves, grandes marges.

CERNEL (Mme DE)

288 — Dupleix (Jos.-François, marquis), d'après Sergent.

Belle épreuve en couleur, toute marge.

CHAPUY

289 — Rohan-Guéménée (Louis-René, prince de), d'après Brion.

Belle épreuve en couleur.

290 — Suffren (P.-A. de), vice-amiral de France, d'après Brion.

Très belle épreuve imprimée en rouge, marge.

CHARPENTIER (FR.-P.)

291 — Chevert (François de), d'après Tischbein.

Très belle épreuve, toute marge.

CHATELAIN

292 — La Salle (Adrien-Nic. de), général de division, dessiné et gravé à l'eau-forte par Duplessis-Bertaux.

Deux épreuves avant toutes lettres, dont une non terminée.

CHENU

293 — Diderot. d'après Garand.

Epreuve avant toutes lettres, la tablette blanche.

294 — Le même Portrait.

Très belle épreuve avant la lettre.

295 — Henri IV, roi de France. d'après Gabriel de Saint-Aubin.

Epreuve avant toutes lettres non entièrement terminée.

296 — Henri IV. — Sully, d'après Gabriel de Saint-Aubin.

Deux pièces, très belles épreuves, toute marge.

297 — Tête de Page avec le Portrait en médaillon d'un Cardinal, soutenu par la figure de la Religion et entouré d'emblèmes religieux, in-8.

Très rare épreuve avant toute lettre, imprimée en rouge.

298 — Frontispice allégorique avec médaillon de Louis XV, tiré des *Étrennes françaises*, d'après l'abbé de Petity et Gravelot, gr. in-8.

Très rare épreuve non terminée, avant toutes lettres, retouchée à la mine de plomb.

299 — Frontispice allégorique avec portrait de Louis XV en pied, d'après Eisen, in-4.

Très belle épreuve, marge.

CHÉREAU (Fr.)

300 — Bossuet (Jacq.-Bénig.), évêque de Meaux, d'après
Rigaud. in-8.

Très belle épreuve avant que la lettre ait été changée, marge.

301 — Boulogne (Louis de), d'après lui-même.

Très belle épreuve, grandes marges.

302 — Geoffroy (Math.-Fr.), pharmacien. d'après Largillière.

Très belle épreuve, marges.

303 — Jacques III, roi d'Angleterre, d'après S. Belle.

Très belle épreuve d'un 1er état, avant que le F du nom du graveur soit changé en J.

304 — Pavyot du Bouillon, procureur général du Parlement de Rouen. — Louis Pécour, compositeur de
Ballets. d'après Tournières.

Deux pièces. belles épreuves.

305 — Picon (J.-B.-Louis), conseiller du Roy. d'après
Rigaud.

Très belle épreuve du 1er état, avant le titre d'Ambassadeur près
la cour Ottomane, marges.

306 — Polignac (Melchior, cardinal de), d'après Rigaud.

Très belle épreuve.

307 — Renaudot (Eusèbe), de l'Académie française.

Très belle épreuve.

308 — Taffoureau de Fontaine (Ch.-N.), évêque d'Em-
brun. d'après Rigaud.

Très belle épreuve, toute marge.

CHÉREAU (J.)

309 — Aragon (Jeanne d'), reine de Sicile, d'après Raphaël.

Très rare épreuve avant toutes lettres, avec toute sa marge.

310 — Blaise III, 42ᵉ abbé de Saint-Blaise, in-4°.

Deux épreuves dont une avant toutes lettres.

311 — Montaigne (Michel de).

Superbe épreuve avant toutes lettres et avec toute sa marge.

312 — Le même Portrait.

Très belle épreuve, toute marge.

313 — Le même Personnage, d'après Genest.

Très belle épreuve.

314 — Prie (Mᵐᵉ de), tenant un oiseau sur le doigt, d'après Van Loo.

Très belle épreuve, marges.

315 — Sabran (Mᵐᵉ de), maîtresse du Régent, d'après Van Loo.

Très belle et rare épreuve du 1ᵉʳ état, avec les huit vers. qui ont été effacés dans l'état postérieur.

CHEVILLET

316 — Asgill (Ch.), capitaine des gardes du roi d'Angleterre, d'après de Lorraine.

Superbe épreuve, toute marge.

317 — Bragance (Don Pedro de), Infant de Portugal, d'après Trinquesse.

Très belle épreuve, grandes marges.

318 — Buffon, d'après Drouais.

Très belle épreuve, avant la lettre.

CHEVILLET

319 — Le même Portrait.

Très belle épreuve, toute marge.

320 — Chardin (Jean-Bapt.-Siméon), d'après lui-même.

Très belle épreuve avant toutes lettres.

321 — Le même Portrait.

Très belle épreuve, toute marge.

322 — Descamps (J.-B.) peintre du Roi, d'après lui-même.

Belle éprueve, toute marge.

323 — Gislain (Ch.-Bernard), comte de Van de Werve, d'après Dequertenmont.

Deux pièces, très belles épreuves, dont une avant la lettre, toute marge.

324 — Gislain (J.-J.), baron d'Hooghrorst, d'après le même.

Très belle épreuve avant la lettre, toute marge.

325 — Greene (Nataniel), major général des armées américaines, d'après Peale.

Très belle épreuve, toute marge.

326 — Hue de Miroménil (Arm.-Th.), garde des sceaux, d'après Wille fils.

Très belle épreuve, toute marge.

327 — Lenoir, lieutenant de police, d'après Greuze.

Superbe épreuve, toute marge.

328 — Orléans (Louis-Philippe d'), duc de Chartres.

Très belle épreuve, toute marge.

CHOFFARD (P.-P.)

329 — Bézout (Etienne), de l'Académie royale des sciences.

> Très belle épreuve, marge.

330 — Kléber, d'après J. Guérin.

> Epreuve et contre-épreuve, toute marge.

331 — La Condamine (Le marquis de), d'après Cochin.

> Très belle épreuve, lettres blanches avec l'inscription : *Pluribus intento....*

332 — Le même Portrait.

> Deux épreuves dont une avec les mots : *Chevalier des Ordres R. Mil^{res}* et l'autre avec le nom sur une banderole et quatre vers au-dessous.

333 — La Rochefoucauld, d'après l'émail de Petitot.

> Très belle épreuve, toute marge.

334 — Le Grand Delaleu (Louis-Aug.), d'après Notté.

> Epreuve avant la lettre, la tablette blanche.

335 — Le même Portrait.

> Très belle épreuve, toute marge.

336 — Le Sérurier, écuyer, négociant à Saint-Quentin, d'après Vallière.

> Très belle épreuve, toute marge.

337 — Frontispice avec le buste de Mariette, d'après Cochin.

> Très belle épreuve, petite marge.

338 — Charles Palissot, d'après Monnet.

> Très belle épreuve, grandes marges.

CHOFFARD (P.-P.)

339 — Le même Personnage, tenant une plume, d'après le même.

Deux épreuves avec plusieurs tirets après l'année.

340 — Rossel (Aug.-Louis de), capitaine des vaisseaux des armées navales de France, d'après François.

Très belle épreuve avant la lettre, la tablette blanche, toute marge.

COCHIN Père

341 — La Lorraine réunie à la France, frontispice avec le portrait du cardinal de Fleury, d'après Delobel.

Très belle épreuve.

342 — Lesueur (Eustache), gravé par Cochin pour sa réception à l'Académie.

Epreuve à l'état d'eau-forte avancée ; plus en contre épreuve, découpée à l'ovale.

343 — Le même Portrait.

Epreuve avant toute lettre et avant les derniers travaux.

344 — Lesueur (Eust.). — Jacques Sarrasin l'aîné.

Deux pièces, très belles épreuves.

COCHIN (C.-N.)

345 — Caylus (Le comte de), tourné à droite.

Epreuve à l'eau forte pure, avant l'entablement.

346 — Le même Portrait.

Très belle épreuve, grandes marges.

347 — Le même Personnage, tourné à gauche, in-4°.

Eau forte pure, avant toutes lettres, grandes marges.

COCHIN (C.-N.)

348 — Statue de saint Charles-Borromée.
Eau forte pure. Rare.

349 — Chauvelin, conseiller en la grande Chambre du Parlement.
Eau forte pure.

350 — Le même Portrait.
Très belle épreuve, grandes marges.

351 — Duclos (Charles), historiographe de France.
Eau forte pure.

352 — Le même Portrait.
Très belle épreuve, toute marge.

353 — Garrick (D.), acteur anglais.
Eau forte pure, marge.

354 — Le même Portrait, terminé par Dupuis.
Très belle épreuve avant toutes lettres.

355 — Le même portrait.
Très belle épreuve, marges.

356 — Gras (Joachim), trésorier de France.
Eau-forte pure, avec les ornements retouchés à l'encre de chine, par Cochin.

357 — Le même Portrait.
Très belle épreuve, marge.

358 — La Place (P. de), gravé par C. N. Cochin. — Le même portrait gravé en contrepartie.
Deux pièces, belles épreuves, grandes marges.

359 — La Vallière (le duc de), célèbre bibliophile.
Très rare épreuve à l'eau-forte pure.

COCHIN (C.-N.)

360 — Le même Portrait.

Très belle épreuve avec les quatre vers, toutes marges ; plus une épreuve de la réduction, in-8°.

361 — Avènement de Louis XV. Un Phénix renaissant de ses cendres, la Guerre et la discorde enchaînée, grande estampe pour l'*Histoire de Louis XV, par médailles*, in-f.

Très belle épreuve, le nom du graveur à la pointe.

362 — Marigny (Le marquis de), profil à droite.

Eau-forte pure, marge.

363 — Le même Portrait.

Très belle épreuve, toute marge.

364 — Marigny (le marquis de), profil à gauche.

Très rare épreuve à l'eau-forte pure.

365 — Le même Portrait.

Très rare épreuve à l'eau-forte un peu plus nuancée, grandes marges.

366 — Massé (J.-B.), peintre du roy.

Très belle épreuve avant toutes lettres.

367 — Le même Portrait.

Très belle épreuve, toute marge.

368 — Restout (Jean), peintre.

Eau-forte pure.

369 — Le même Portrait.

Épreuve à l'eau-forte avancée, avant la marbrure de l'entablement, marge.

370 — Le même Portrait.

Superbe épreuve, avant toute lettre, avec des essais de burin dans les marges.

COCHIN (C. N.)

371 — Le même Portrait.

Très belle épreuve, toute marge.

372 — Séguier (A.-L.), avocat général du Parlement de Paris.

Eau-forte pure, marge.

373 — Le même Portrait.

Épreuve à l'état d'eau-forte avancée.

374 — Le même Portrait.

Deux très belles épreuves, dont une avant toutes lettres.

375 — Turenne (le prince de).

Eau-forte pure, marge.

376 — Le même Portrait.

Très belle épreuve avant le nom du graveur, grandes marges.

COCHIN (D'après)

377 — Alembert (J. d'), par Watelet.

Eau-forte pure.

378 — Le même Portrait.

Très belle épreuve, toute marge.

379 — Basan (P.-F.), par Marais.

Très belle épreuve avant la lettre, toute marge.

380 — Le même Portrait.

Très belle épreuve, toute marge.

381 — Bay de Curys. — S. R. Baudouin, capitaine aux Gardes françaises, par Watelet.

Deux pièces, très belles épreuves, toute marge.

382 — Beaujon (N.), conseiller d'État, par Mme Lingée.

Très belle épreuve, toute marge.

COCHIN (D'après)

383 — Beaumarchais (P.-A. Caron de), par Saint-Aubin
(E.-B. 14), 2e Etat.

Très belle épreuve, grandes marges.

384 — Blanchard (E.-J.-A.), maître de musique de la
chapelle du roi (E.-B. 21). 2e Etat.

Très belle épreuve, toute marge.

385 — Bouchardon (Edme), sculpteur, par Laurent
Cars.

Eau-forte pure, marge.

386 — Le même Portrait.

Très belle épreuve avant toute lettre, avec des essais de burin.
marge.

387 — Le même Portrait.

Très belle épreuve, grandes marges.

388 — Boucher (François), par Laurent Cars.

Superbe épreuve, toute marge.

389 — Boudot (P.-J.), par N. de Poilly.

Très belle épreuve avant l'adresse, marge.

390 — Le même Portrait.

Deux épreuves, dont une avec la première adresse et avant le
numéro. grandes marges.

391 — Boutin (S.-C.). — Le chevalier de Breteuil. —
Brunet de Neuilly. par Watelet.

Trois belles épreuves, toute marge.

392 — Caffiery, sculpteur du Roy. par Saint-Aubin
(E. B. 34). 3e Etat.

Très belle épreuve, toute marge.

COCHIN (D'après)

393 — Cars (Laurent), graveur, par Aug. de Saint-Aubin (E. B. 35).

Très belle épreuve du 2ᵉ état avec les noms d'artiste gravés à la pointe.

394 — Le même Portrait.

Très belle épreuve du 4ᵉ état, avant l'adresse, marge.

395 — Le même Portrait.

Très belle épreuve du 5ᵉ état, grande marge.

396 — Cayeux (Ph.), sculpteur, par Lempereur.

Deux très belles épreuves, dont une avant l'adresse, grandes marges.

397 — Caylus (le comte de), par Basset l'aîné, in-8.

Deux épreuves dont une avant la lettre, la tablette blanche.

398 — Chardin (Jean-Siméon), peintre du roi, par Rousseau.

Très belle épreuve, marge.

399 — Chardin (Fr.-Marg. Pouget, femme de), par Laurent Cars.

Très belle épreuve.

400 — Chevert (Fr. de), lieutenant-général des armées du Roy, par Watelet.

Eau-forte pure.

401 — Le même Portrait.

Superbe épreuve, toute marge.

402 — Clairaut (Alexis), de l'Académie des sciences, par Watelet. — Le même personnage, par Campion de Tersan.

Deux pièces, très belles épreuves.

COCHIN (D'après)

403 — Cliequot de Clerval. inspecteur général du commerce, par Moitte.

Superbe épreuve avant toute lettre, avec toute sa marge.

404 — Clicquot de Clerval. — Clicquot-Blervache.

Deux pièces, belles épreuves, toute marge.

405 — Cochin (C.-N.), secrétaire perpétuel de l'Académie royale de peinture et de sculpture, par Aug. de Saint-Aubin. (E. B. 47).

Épreuve du 2ᵉ état à l'eau-forte pure avant toutes lettres, seulement le nom de Cochin à la pointe.

406 — Le même Portrait.

Superbe épreuve du 4ᵉ état avant toutes lettres, la tablette blanche, grandes marges.

407 — Le même Portrait.

Très belle épreuve du 5ᵉ état, grandes marges.

408 — Cochin le fils (C.-N.), gravé par Daullé.

Épreuve avant toutes lettres et avant que la planche ait été rognée en bas. — Plus un Reçu signé de Cochin.

409 — Le même Portrait.

Très belle épreuve, toute marge.

410 — Coppette (P.-F.), par Watelet.

Très rare épreuve, non terminée, avant le titre changé.

411 — Le même Portrait.

Deux très belles épreuves, dont une avant la quatrième ligne, grandes marges.

412 — Coustou (Ch.-Pierre), architecte, par Nicollet.

Deux très belles épreuves, dont une avant la troisième ligne, toute marge.

COCHIN (D'après)

413 — Coustou (Guillaume), par Aug. de Saint-Aubin
(E. B. 60).

Très belle épreuve du 3° état, avant la troisième ligne.

414 — De Brosses (Ch.), président à mortier au Parlement de Dijon, par Saint-Aubin (E. B. 68).

Très belle épreuve du 2° état.

415 — Delasson (M.-A. de Croismarre), par Halm.

Épreuve non terminée, avec l'entablement tracé à la pointe.

416 — Le même Portrait.

Très rare épreuve avant la lettre, la tablette blanche.

417 — Le même Portrait.

Très belle épreuve, toute marge.

418 — Denis (Jean-Franç.), trésorier-général des bâtiments du Roy. — Marguerite Claude Denis, par
François.

Deux très belles épreuves imprimées sanguine, grandes marges.

419 — De Parcieux (Ant.), de l'Académie des sciences,
par Aug. de Saint-Aubin (E. B. 70). 3° État. — Le
même personnage, gravé par Nicollet.

Deux pièces, très belles épreuves, grandes marges.

420 — Descamps (J.-B.), directeur de l'Académie des
arts du dessin, à Rouen, par Rousseau.

Superbe épreuve avant toutes lettres, avec toute sa marge.

421 — Le même Portrait.

Très belle épreuve, grandes marges.

422 — De Troy (J.-F.), le fils, par Rousseau.

Superbe épreuve avant toute lettre, avec toute sa marge.

COCHIN (D'après)

423 — Le même Portrait.

> Très belle épreuve, toute marge.

424 — Duchange (Gaspard), graveur, par Dupuis.

> Très belle épreuve, toute marge.

425 — Dumont le Romain (Jacques), par Aug. de Saint-
Aubin (E. B. 77).

> Très rare épreuve du 1er état, à l'eau-forte pure, grandes marges.

426 — Le même Portrait.

> Très belle épreuve du 3e état, marge.

427 — Étampes (La marquise d'), par La Live de Jully
et Aug. de Saint-Aubin (E. B., 280).

> Très belle épreuve. Extrêmement rare.

428 — Falconet (Camille), médecin consultant du Roy.

> *Dessin original* de Ch. N. Cochin, à la mine de plomb et à
l'estompe.

429 — Le même Portrait, gravé par Moitte.

> Très belle épreuve avant toutes lettres.

430 — Le même Portrait.

> Très belle épreuve, grandes marges.

431 — Floncel (Alb.-Franç.), avocat au Parlement de
Paris, bibliophile, par Benoist.

> Très belle épreuve avant toutes lettres, marge.

432 — Le même Portrait.

> Deux épreuves, dont une imprimée en rouge, d'un 1er état, avec
la lettre apparente sur le dernier livre, à droite.

433 — Franklin (Benjamin), par Aug. de Saint-Aubin
(E. B., 85).

> Très belle épreuve du 4e état, avant l'adresse de Cochin.

COCHIN (D'après

434 — Le même Portrait.

> Belle épreuve du 3e état, grandes marges.

435 — Fréron (E.-C.), par Gaucher.

> Deux très belles épreuves, dont une avant les vers, grandes marges.

436 — Gauzargues (Ch.), maître de musique de la chapelle du Roi, par Aug. de Saint-Aubin (E. B., 87).

> Épreuve du 1er état à l'eau-forte pure.

437 — Le même Portrait.

> Superbe épreuve du 2e état, toute marge.

438 — Grimaldi (Louis de), évêque du Mans, par Gaucher.

> Très rare épreuve à l'eau-forte pure.

439 — Le même Portrait.

> Très belle épreuve, toute marge.

440 — Guérin (C.-M.), ancien chirurgien-major des camps et armées du Roi, par Gaucher.

> Très belle épreuve avant la lettre, les noms d'artistes à la pointe.

441 — Le même Portrait.

> Très belle épreuve.

442 — Hénault (Charles-J.-Fr., président honoraire du Parlement de Paris, par Gaucher.

> Très belle épreuve, grandes marges.

443 — Hervey (Lady), par Watelet.

> Superbe épreuve, grandes marges.

444 — Hue de Miroménil (A.-T.), premier président du Parlement de Rouen, par B.-L. Prévost.

> Eau-forte pure.

COCHIN (D'après)

445 — Le même Portrait.

> **Deux** belles épreuves, dont une avant l'adresse de Prévost, grandes marges.

446 — Hume (M.-David), historien, par Miger.

> Deux épreuves, dont une avant la deuxième ligne, toute marge.

447 — Jeaurat (Et.), professeur de l'Académie de peinture, par Martenasie.

> Très rare épreuve à l'eau-forte pure, avec le mot Jeaurat écrit avec un G.

448 — Le même Portrait.

> Epreuve avant les noms d'artistes, le nom de Jeaurat rectifié.

449 — Le même Portrait.

> Belle épreuve, grandes marges.

450 — Joannis (Louis-Dom. de), capitaine de vaisseau, par Mme Lingée.

> Epreuve avant toutes lettres, pas entièrement terminée.

451 — Le même Portrait.

> Belle épreuve avant la lettre, seulement les noms d'artistes marges.

452 — Jombert (Ch.-Antoine), libraire du Roy, par Aug. de Saint-Aubin (E. B., 112).

> Très belle épreuve du 5e état, toute marge.

453 — La Chalotais (Louis-René de Caradeuc de), procureur général du Roy au Parlement de Bretagne, par Moitte.

> Eau-forte pure.

454 — Le même Portrait.

> Epreuve avant toutes lettres, non terminée : la lettre manuscrite

COCHIN (D'après)

455 — Le même Portrait.

Deux très belles épreuves, dont une avant les noms d'artistes et la date, toutes marges.

456 — La Condamine (C.-M.), par Choffard.

Très belle épreuve avec la lettre blanche et les mots : *Pluribus intento.....*, grandes marges.

457 — Le même Portrait.

Deux épreuves, dont une avec les mots : *Chevalier des Ordres R*...* et l'autre avec le nom sur une banderolle et quatre vers au-dessous, grandes marges,

458 — La Live de Jully (A.-L. de). gravé par lui-même.

Très belle épreuve, Rare.

459 — La Motte-Piquet (Guill. de), chef d'escadre. par Aug. de Saint-Aubin (E. B., 117).

Belle épreuve du 3ᵉ état, grandes marges.

460 — Lassone (J.-M. de), conseiller d'Etat. par Aug. de Saint-Aubin (E. B., 121).

Belle épreuve du 2ᵉ état.

461 — Le Bas (J.-Ph.), graveur du roi, par Cathelin.

Très belle épreuve avant toutes lettres, le nom écrit à l'encre, grandes marges.

462 — Le même Portrait.

Très belle épreuve, toute marge.

463 — Le même Personnage.

Epreuve avant toutes lettres d'une planche avec tablette différente tirée sur papier vélin, toute marge.

464 — Le Blanc (J.-B.), historiographe, par Aug. de Saint-Aubin (E. B. 124).

Epreuve du 1ᵉʳ état, à l'eau-forte pure.

COCHIN (D'après)

465 — Le même Portrait.

Très belle épreuve du 3e état, avant les mots : *Historiographe des Bâtiments du Roi* et avant l'adresse de Bligny, toute marge.

466 — Le même Portrait.

Deux épreuves des 3e et 4e états, toute marge.

467 — Le Blond (Guillaume), maître de mathématiques des Enfants de France, par Aug. de Saint-Aubin (E. B. 125).

Deux très belles épreuves dont une du 3e état, avec deux **LL** au mot *Guillaume*, toute marge.

468 — Le Comte (Marguerite), fermière du Moulin-Joly, de profil, par Watelet.

Très belle et rare épreuve avant la lettre, la tablette blanche, marge.

469 — Le Couteulx du Moley (Sophie), par Aug. de Saint-Aubin (E. B. 127).

Très belle épreuve du 4e état, grandes marges.

470 — Le Coulteux du Moley (Sophie). Tête de page allégorique pour une sonate, par Nicollet.

Très belle épreuve du 1er état avant la lettre, marge.

471 — Le même Portrait.

Belle épreuve avec quatre vers.

472 — Lempereur (Jean-Denis), écuyer, ancien échevin, par Gonard.

Trois épreuves avec des différences, marge.

473 — Le Normant d'Etiolles (Mme), par Aug. de Saint-Aubin (E. B. 130).

Très rare épreuve du 2e état avec les quatre vers, mais avant le nom de *Marmontel*.

COCHIN (D'après)

474 — Lepicié (N.-B.), professeur de l'Académie royale de Peinture, par J.-F. Rousseau.

>Très belle épreuve avant toutes lettres, avec toute sa marge.

475 — Le même Portrait,

>Très belle épreuve, grandes marges.

476 — Le Roux (Léonard), architecte du roi, par Aug. de Saint-Aubin (E. B. 132).

>Epreuve du 1er état, à l'eau-forte pure.

477 — Le même Portrait.

>Très belle épreuve du 3e état, toute marge.

478 — Louis XVI, pièce allégorique sur son avènement au trône, par de Longueil.

>Très belle épreuve du 1er état, avec les quatre vers : *l'Abondance et les Arts....* qui ont été changés dans l'état suivant.

479 — Lully (J.-B.), surintendant de la musique du roy, par Aug. de Saint-Aubin (E. B. 155).

>Très belle épreuve du 4e état, marges.

480 — Malouet (P.-M.), conseiller d'État, premier médecin de Madame Victoire.

>*Dessin original* de C.-N. Cochin, à la pierre noire et à l'estompe, signé et daté 1785.

481 — Le même Portrait, gravé par Aug. de Saint-Aubin (E. B. 162).

>Très belle épreuve du 3e état, marge.

482 — Marie-Antoinette, de profil, dans un médaillon porté dans les airs par des génies, par B.-L. Prévost.

>Superbe et très rare épreuve d'un 1er état avant les mots : *Hommage des Arts*, seulement les noms des artistes à la pointe, dans l'intérieur de la gravure, marge.

COCHIN D'après

483 — Eugénie ou la Noblesse: Vignette allégorique, avec le médaillon de Marie-Thérèse et Marie-Antoinette debout. gravé par Rousseau.

Très belle épreuve, toute marge.

484 — Mariette (P.-J.), par Aug. de Saint-Aubin (E.B. 171).

Très rare épreuve du 1er état à l'eau-forte pure.

485 — Le même Portrait.

Très belle épreuve du 5e état, toute marge.

486 — Marin (J.-F.). censeur royal. par Et. Fessard.

Deux très belles épreuves, dont une avant les vers.

487 — Ménard (Léon), de l'Académie des Inscriptions et Belles-Lettres. par N. Dupuis.

Deux épreuves dont une avant toutes lettres, marges.

488 — Mondonville (Jean-Jos. Casanea de), maître de musique de la chapelle du roy. par Aug. de Saint-Aubin (E. B. 182).

Deux très belles épreuves dont une du 3e état avant l'adresse, toutes marges.

489 — Morand (Salvador-Franç.), médecin. par Aug. de Saint-Aubin (E. B. 193).

Très belle épreuve du 2e état, non terminée, marge.

490 — Le même Portrait.

Très belle épreuve du 3e état, avant toute lettre.

491 — Le même Portrait.

Deux épreuves dont une du 4e état, avant la lettre, seulement les noms d'artiste à la pointe et l'autre du 6e état avec la lettre.

492 — Orléans (Louis-Philippe duc d'). allégorie servant de frontispice à la *Description des Pierres gravées du duc d'Orléans*. par Aug. de Saint-Aubin (E. B. 202).

Belle épreuve du 4e état, toute marge.

COCHIN (D'après)

493 — Petit (Antoine), docteur, régent de la Faculté
de médecine de Paris, par Mme Lingée.

Deux très belles épreuves, dont une avant la lettre, toute marge.

494 — Philidor (André-Danican), compositeur et joueur
d'échecs, par Aug. de Saint-Aubin (E. B. 210).

État *non décrit*, intermédiaire entre le 3ᵉ et le 4ᵉ, avec ces mots
autour du cadre : *André Danican Philidor, né à Dreux le sept
septembre mil sept cent vingt-six.*

495 — Le même Portrait.

Belle épreuve du 4ᵉ état.

496 — Pierre (J.-B.-M.), premier peintre du roi, par
Aug. de Saint-Aubin (E. B. 215).

Très belle épreuve du 3ᵉ état, toute marge.

497 — Prault (P.), imprimeur, par Laurent Cars.

Eau-forte pure, marge.

498 — Le même Portrait.

Très belle épreuve avant les noms d'artistes.

499 — Le même Portrait.

Deux très belles épreuves, dont une avant la deuxième ligne.

500 — Pommyer (l'abbé), par Aug. de Saint-Aubin
(E. B. 219).

Très belle épreuve du 5ᵉ état, toute marge.

501 — Radix (Claude-Mathieu), écuyer (E. B. 228),
2ᵉ état. — Marie-Elisabeth Denis, femme de M. Radix
(E. B. 229), 3ᵉ état.

Deux pièces, **très** belles épreuves.

COCHIN (D'après)

502 — Radix (Jacques-Louis), conseiller au Parlement, gravé par Demarteau.

Deux très belles épreuves, dont une imprimée en rouge, toute marge.

503 — Rigoley de Juvigny, conseiller au Parlement de Metz, par Miger.

Deux épreuves, dont une avant que le nom sur la tablette ait été remplacé par quatre vers, grandes marges.

504 — Roettiers (Jacques), conseiller de l'Académie de Peinture, par Aug. de Saint-Aubin (E. B. 238).

Deux très belles épreuves, dont une du 2ᵉ état avant l'année après le nom de Cochin et l'autre du 4ᵉ état.

505 — Roettiers (Joseph-Charles), graveur général des monnaies et chancelleries de France, par Aug. de Saint-Aubin (E. B. 239).

Épreuve du 1ᵉʳ état, à l'eau-forte pure.

506 — Le même Portrait.

Très belle épreuve du 2ᵉ état, toute marge.

507 — Rohan-Guéménée (Le prince Louis de), de l'Académie française, par Campion de Tersan.

Deux très belles épreuves dont une à l'eau-forte pure, toute marge.

508 — Saly (J.-F.), sculpteur du roi, par Rousseau.

Très belle épreuve avant toute lettre, toute marge.

509 — Le même Portrait.

Très belle épreuve, toute marge.

510 — Sorbet (Claude-Léger), ancien chirurgien-major des mousquetaires, par Moitte.

Deux très belles épreuves, dont une avec la première lettre et avant les noms d'artistes, grandes marges.

COCHIN D'après

511 — Soufflot (J. G.), architecte, par Laurent Cars.

> Très belle épreuve. Rare.

512 — Strogonoff (Alex. comte de), chambellan de S. M. Impériale de toutes les Russies, par C.-L. Pasch, in-4.

> Très belle épreuve ; plus une épreuve de la planche réduite in-8°.

513 — Thomas (Antoine), de l'Académie française, gravé par lui-même.

> Belle épreuve. Rare.

514 — Le même Personnage, gravé par D***.

> Très belle épreuve avant les noms d'artistes, grandes marges.

515 — Le même Portrait.

> Deux épreuves, dont une avec l'adresse de Bligny, marge.

516 — Tristant (Victor), économe du château royal de Bicêtre, par C. Baron.

> Deux très belles épreuves, dont une avant la lettre.

517 — Trudaine (J.-Ch.-Ph.), par Aug. de Saint-Aubin (E. B. 256).

> Epreuve du 1er état à l'eau-forte pure.

518 — Le même Portrait.

> Très belle épreuve du 2e état.

519 — Turgot (A.-R.-J.), intendant de Limoges, par Watelet.

> Superbe épreuve, grandes marges.

520 — Le même Portrait, la lettre changée et remplacée par : *Ministre d'Etat et Contrôleur général.* — Le même Personnage, profil à droite, sans noms d'artistes.

> Deux pièces, belles épreuves.

COCHIN (D'après)

521 — Van Loo (Carle), gravé par J. Daullé.

Très belle épreuve, grandes marges.

522 — Vence (C. A. de Villeneuve comte de), par Watelet.

Deux très belles épreuves, dont une avant que le nom ait été remplacé par des armoiries, grandes marges.

523 — Vernet (Cl. Joseph), peintre de Marines, par Nicollet.

Deux très belles épreuves, dont une avant toutes lettres, marges.

524 — Watelet (Cl. H.), de l'Académie française, par Lempereur.

Trèsbe lle épreuve, toute marge.

525 — Winslow, par Romanet.

Belle épreuve avant toutes lettres, marge.

526 — Portrait d'homme, de profil à droite, in-4°.

Trois pièces, dont une à l'eau-forte pure et les deux autres avant toutes lettres, avec différences.

527 — Portrait d'homme, de profil à droite, in-4°, gravé dans la manière du crayon.

Épreuve, avant toutes lettres, en bistre.

528 — Deux Portraits d'homme, l'un tourné à gauche et l'autre à droite, in-8°.

Deux pièces à l'eau-forte pure.

529 — Portrait d'homme de profil à gauche. — Portrait de femme, avec coiffure, profil à droite.

Deux pièces à l'eau-forte pure, avant toute lettre.

COCHIN (D'après)

530 — Agincourt (Seroux d'). — Nic-Guy Brenet. — Le comte de Brülh. — Dortous de Mairan. — Moiroux. — Hans de Stanley, gravés par Miger.

Six pièces, très belles épreuves.

531 — Boërs (F.-G.). — Diderot. — J.-F. Prault, par Cathelin.

Trois pièces, très belles épreuves.

532 — Bougainville (J.-P. de), par Fessard. — J.-P. Le Bas, graveur. — Ch. Parrocel par Cochin et Dupuis. — Michel-Ange Slodtz. — Paul Ambr. Slodtz, par L. Cars.

Cinq pièces, belles épreuves.

533 — Chastre de Billy. — Joliot de Crébillon. — Dodard. — Le marquis de Marigny. — J.-B. M. Pierre, par Watelet.

Cinq pièces, très belles épreuves.

534 — Coquelet de Chaussepierre, par Rousseau. — J. Gosseaume, par Cathelin en deux états. — J.-B. Lemoine, par Dupuis. — Jean Nic. Moreau, par Moitte. — Jean Bruté, par Meliny.

Six pièces, très belles épreuves.

535 — Desault (P.-J.), chirurgien en chef de l'Hôtel-Dieu, par Cathelin. — F. Doublet, médecin des hôpitaux de Paris, par B. Roger. — J.-B. Loustaunau, premier chirurgien du Roi. — P.-M. Maloët. docteur régent de la Faculté de médecine, par Mᵐᵉ Lingée. — N. Cuvillier, par Pariset.

Cinq pièces, belles épreuves.

536 — Fontanieu (Pierre de), par Miger. — Nicolas de Montholon par Nicollet. — Caradeuc de la Chalotais, par Baron.

Trois pièces, belles épreuves, toute marge.

COCHIN (D'après)

537 — Goldoni, par Lebeau. — La Condamine. —
Marmontel, par Duchesne. — Casanéa de Mondonville, par Delatre. — J. F. Denis, par François.

    Cinq pièces, très belles épreuves.

538 — Hallé (Noël). — F. Jacquier — M. C. Lemesle.
— Leseur. — J. B. Péronneau. — A. Roslin, par
Nicollet.

    Six pièces, très belles épreuves.

539 — Jéliotte (Pierre). — Marmontel, avant la retou-
che. — J.-B. Pigalle. — Alexis Piron. — Savalette
de Buchelay, par Aug. de Saint-Aubin.

    Cinq pièces, très belles épreuves.

540 — Morand (S.-T.). — F. de Régny. — N. de Verri,
par Campion de Tersan. — Pierre de Foissy, par
Debondy. — Maffeï, par Pariset.

    Cinq pièces, très belles épreuves.

541 — Sarrau. — Louis de Silvestre. — De Sommery.
— J. de Valogni. — Marc René, marquis de Voyer,
par Watelet.

    Cinq pièces, très belles épreuves.

542 — D'Alembert. — Clairaut. — De Parcieux. —
G. Thomas Raynal, etc.

    Neuf pièces.

COCLERS (J.-B.)

543 — Portrait d'un musicien assis près d'une table,
gravé à l'eau-forte.

    Très belle épreuve avant la lettre.

COLINET

544 — Boufflers (La comtesse de), assise près d'un arbre.

> Très belle épreuve en couleur.

545 — Chéron (Augustin-Ath.), de l'Académie royale de musique, d'après Lefèvre.

> Belle épreuve, grandes marges.

CONDÉ (Jean)

546 — Beckford (Horace), en pied, d'après R. Cosway.

> Très belle épreuve, marges.

547 — Tickell (Mrs), en pied, d'après R. Cosway.

> Très belle épreuve en couleur, toute marge.

548 — Wenzel (le baron de), oculiste du roi d'Angleterre.

> Très belle épreuve, lettres grises, marges.

COQUERET

549 — Marbot, d'après Wicar.

> Très belle épreuve, toute marge.

COSSIN (L.

550 — François Chauveau, graveur, d'après Lefébure (D. 287).

> Épreuve antérieure au 1ᵉʳ état décrit, avant les contretailles sur le ciel, avec les cheveux non terminés et avant les mots : *de peinture et sculpture.*

551 — Le même Portrait.

> Très belle épreuve du 1ᵉʳ état, avant que la planche ait été rognée et avant l'adresse de Drevet.

COSSIN (L.)

552 — Conrart (Valentin), littérateur, d'après Lefèvre
(D. 289).

Très belle épreuve, grandes marges.

553 — Conrart (Jacques), avocat (D. 290).

Très belle épreuve, marges.

554 — Doujat (Jean), jurisconsulte, d'après F. Siere.
(D. 292).

Deux pièces, dont une du 1er état, avant la lettre, très belles
épreuves.

555 — Solleysel (Jacques de), écuyer du roi (D. 295).

Très belle épreuve du 1er état, avant la lettre.

COSWAY (MARIA)

556 — Le cardinal Bentivoglio, d'après Vandyck. — La
femme de Rubens et son fils.

Deux pièces belles épreuves, en rouge et en bistre.

COUTELIER (F.)

557 — Menier (Joseph), acteur de la Comédie italienne.

Superbe épreuve en couleur. Collection Naumann.

COYPEL (CH.)

558 — Aymon premier, in-4°. — Le même Personnage,
in-8°, avec un drapeau et un paysage imprimés sur
la même feuille.

Deux pièces, très belles épreuves.

559 — Maroulle (J.-A. de), duc de Jean Paul.

Deux épreuves, dont une avant toutes lettres et avant la bordure
marges.

CRANACH (Lucas)

560 — Mélanchton (Philippe), en pied, gravé sur bois (B. 153).

> Très belle épreuve, marges.

561 — Le même Portrait.

> Épreuve avec le texte au verso.

CRÉPY (Chez)

562 — Louis XV, roi de France. — Marie Leczinska, d'après Van Loo.

> Deux pièces, belles épreuves.

CROISIER (M.-A.)

563 — Fauchet (Claude), évêque du Calvados.

> Deux très belles épreuves, dont une avant les vers et l'adresse, grandes marges.

DAGOTY (Gautier)

564 — Boucher (François), d'après Roslin.

> Très belle épreuve.

565 — Louis XV.

> Très belle épreuve, en couleur.

566 — Louis XV. Deux frontispices différents pour la *Galerie française*.

> Belles épreuves, toute marge.

567 — Louis-Auguste (Dauphin).

> Superbe épreuve en couleur, marges.

568 — Marie-Thérèse, impératrice.

> Très belle épreuve en couleur, marges.

DAGOTY (Gautier)

569 — Maupeou, chancelier de France.

Belle épreuve, en couleur.

570 — Astruc (Jean). — F. de Chevert. — Le comte de Caylus. — Gilbert de Voisins. — Mme de Graffigny. — Ant. Le Camus. — J. Ph. Rameau.

Sept pièces, très belles épreuves.

571 — Henri IV. — Louis XIII. — Louis XIV. — Philippe d'Orléans, régent. — Louis IX, dauphin, père de Louis XVI. — Stanislas Leckzinski. — Pharamond, Clodion, Mérovée, Childebert.

Douze pièces, belles épreuves.

DAMBRUN

572 — Necker, directeur général des Finances, d'après Queverdo.

Très belle épreuve, grandes marges.

DARCIS

573 — Buste de J.-J. Rousseau, entouré d'une couronne civique, d'après Lethière.

Très belle épreuve. Rare.

DARET (P.)

574 — Louis XIII à cheval, avec quatre vers en bas.

Très belle épreuve, marges.

575 — Ursins (Charlotte des), vicomtesse d'Ochy.

Superbe et très rare épreuve, avant le nom du graveur et avant les vers dans le cartouche.

DAULLÉ (J.)

576 — Aguesseau (H.-F. d'), chancelier de France, 1er État. — Jean Astruc, d'après Vigée.

Deux pièces. très belles épreuves.

577 — Auguste III. roi de Pologne, en buste, d'après De Silvestre.

Très belle épreuve, grandes marges.

578 — Baschi (Charles de), marquis d'Aubais, d'après Péronneau.

Deux très belles épreuves, dont une avant les tailles sur la tablette et avant la 2e ligne au-dessous des noms d'artistes.

579 — Berghes (Georges-Louis de), évêque et prince de Lyon.

Très rare épreuve du 1er état, avant que la planche ait été coupée à l'ovale pour être mise dans une bordure ; plus une épreuve avec la bordure.

580 — Cochin (C.-N.), le Fils, d'après lui-même.

Très rare épreuve avant que la planche ait été coupée de deux centimètres dans le bas, marges.

581 — Le même Portrait.

Très belle épreuve. grandes marges.

582 — Deshais-Gendron (Claude). oculiste. d'après Rigaud.

Très belle épreuve, marges.

583 — Gauffecourt. ami de J,-J. Rousseau. d'après Nonnotte.

Très belle épreuve.

584 — Lamoignon (Guillaume de). d'après Valade.

Très belle épreuve, marges.

DAULLÉ (J.)

585 — Lorraine (Charles - Alexandre de), d'après de Meytens.

>Très belle épreuve, toute marge.

586 — Louis XV, d'après Rigaud.

>Très belle épreuve.

587 — Louis, duc d'Orléans, d'après Coypel, in-fol. — Le même Personnage, in-8.

>Deux pièces, très belles épreuves.

588 — Louis, Dauphin de France, fils de Louis XV. d'après Belle.

>Très belle épreuve, toute marge.

589 — Louis. dauphin. fils de Louis XV. d'après de La Tour.

>Très rare épreuve avant la lettre et avant la tablette.

590 — Le même Portrait.

>Très belle épreuve.

591 — Marie-Thérèse. reine de Hongrie. d'après de Meytens.

>Très rare épreuve, avec le nom de Daullé à la droite du bas, mais avant : *Peint à Vienne en 1743, par Martin Demeytens*, à gauche.

592 — Le même Portrait.

>Superbe épreuve, toute marge.

593 — Moreau de Maupertuis (Pierre-Louis), d'après Tournière, in-fol.

>Très belle épreuve.

594 — Orléans (Louis-Philippe d'). duc de Chartres. petit-fils du Régent. d'après Belle.

>Très belle épreuve avec la première adresse.

DAULLÉ (J.)

595 — Pallu (Le P. Martin), d'après Nonotte, in-4. — Le même Personnage, in-8.

Deux pièces, très belles épreuves, grandes marges.

596 — Pélissier (Mlle), actrice, d'après Drouais.

Très belle épreuve avec l'adresse de Jacob.

597 — Le même Portrait.

Belle épreuve avec l'adresse de Basan, grandes marges.

598 — Pinto (Emmanuel), grand-maître de l'ordre de Malte, in-4.

Très belle épreuve du 1er état, avant les armes.

599 — Polignac (Melchior, cardinal de), d'après Rigaud, in-8.

Deux épreuves, dont une du 1er état, avec les quatre vers, marges.

600 — Puységur Chastenet (de), maréchal de France, d'après Tournière.

Très belle épreuve, toute marge.

601 — Rigaud (Hyacinthe), peignant le portrait de sa femme, d'après le même.

Très rare épreuve avant les mots : *Gravé par J. Daullé, pour sa réception à l'Académie, en 1742.*

602 — Seyxas (Jos.-Ant.), tenant une lyre. — C.-H. Sonnois, avocat.

Deux pièces, très belles épreuves, marges.

603 — Stuart (Charles-Edouard), le Prétendant, in-fol.

Belle épreuve avant la lettre.

604 — Le même Personnage, petit in-fol.

Très belle épreuve, toute marge.

DAULLÉ (J.)

605 — Fabert (Abr. de), maréchal de France. — Fénelon, d'après Vivien. — Moreau de Maupertuis, in 8.
— Ch.-G. de Vintimille, archevêque de Paris.

Quatre pièces, belles épreuves.

606 — Nonnotte (D.) peintre du Roy. — Carle Vanloo,
d'après Cochin.

Deux pièces, très belles épreuves, grandes marges.

DAVID (Fr.)

607 — Choiseul (César-Gabr. de), duc de Praslin, pair
de France, d'après Roslin, in-fol.

Très belle épreuve.

608 — Diderot (Denis), écrivant, d'après Van Loo.

Belle épreuve, toute marge.

609 — Gustave III, roi de Suède : en bas la tête d'Ankarstroëm.

Très belle épreuve.

DELATRE

610 — Louis, Dauphin de France, père de Louis XVI,
d'après Van Loo.

Très belle épreuve, toute marge.

DE LAUNAY (Nic.)

611 — Bernard de Bonnard, d'après la miniature de
Vestier.

Très belle épreuve.

DE LAUNAY (Nic.)

612 — Bignon (Armand-Jérôme). prévôt des marchands, d'après Drouais.

> Très rare épreuve à l'eau-forte pure du portrait seulement, découpé à l'ovale.

613 — Le même Portrait.

> Très belle épreuve, grandes marges.

614 — Choiseul (Etienne-Fr., duc de), d'après Vanloo.

> Deux très belles épreuves, dont une avant les vers et l'adresse de Bligny, grandes marges.

615 — De Troy (Jean-Bapt.) fils. peintre du roi, d'après Aved, in-fol.

> Très belle épreuve avant la lettre. les noms à la pointe.

616 — Le même Portrait.

> Très belle épreuve toute marge.

617 — Le Bloy (Franç.). abbé de Clairvaux. d'après Roslin.

> Très belle épreuve.

618 — Leclerc (Sébastien) fils. peintre du roi. d'après Nonnotte, in-fol.

> Très rare épreuve à l'eau-forte pure.

619 — Le même Portrait.

> Très belle épreuve avant la lettre, les noms à la pointe, grandes marges.

620 — Le même Portrait.

> Très belle épreuve, toute marge.

621 — Necker. d'après Duplessis. in-fol.

> Deux très belles épreuves, dont une avant les vers et l'adresse de Depeuille, toute marge.

DE LAUNAY (Nic.)

622 — Raynal (Guill.-Thomas) d'après Cochin. in-4.

Eau-forte pure, toute marge.

623 — Le même Portrait.

Très belle épreuve, marges.

624 — Tressan (le comte de). d'après Borel, in-8.

Très belle épreuve, toute marge.

625 — Mme Deshoulières.— Gessner. — Mme de Graffigny.
— Fénelon. — Fontenelle. in-12. pour la collection
Cazin.

Cinq pièces, très belles épreuves, marges.

DE LAUNAY (Rob.)

626 — Dazincourt, acteur.

Très belle épreuve, marges.

627 — Graffigny (Mme de). in-12.

Très belle épreuve d'artiste, toute marge.

628 — Louis IX. roi de France. Tête de Page. d'après
B.-C. Prévost. in-12.

Très rare épreuve tirée hors texte, marge.

629 — Montgolfier (Les frères). d'après le bas-relief de
Houdon. in-8.

Belle épreuve.

630 — Voisenon (L'abbé de). de l'Académie française,
in-12.

Deux épreuves, dont une avant la lettre, grandes marges.

DE LONGUEIL

631 — Fontanieu (J.-M. de), conseiller d'État, d'après
Queverdo, in-4.

Très rare épreuve à l'eau-forte pure, marge.

632 — Le même Portrait.

Superbe épreuve avant les vers.

633 — Le même Portrait.

Belle épreuve, toute marge.

LORRAINE (DE)

634 — Dubus de Champville, acteur en pied, d'après
Delorme.

Très belle épreuve.

635 — Ripert de Monclar (Jean-P.-Fr.), procureur général de l'ancien Parlement de Provence.

Très belle épreuve, marge.

636 — Pommyer (L'abbé), en pied, assis.

Deux épreuves à la sanguine, dont une avec : *le Paysan de Gan-
delu*, et les quatre vers.

637 — Cotte (Jules-Fr. de), bibliophile. — Jacques-Louis
Radix, conseiller au Parlement.

Trois pièces, dont deux à la sanguine.

DENON (V.)

638 — Son Portrait, dessinant près d'une fenêtre

Deux épreuves avant la lettre, sur chine, dont une non terminée.

639 — Son Portrait d'après Isabey, in-4. — Autre assis
tenant un crayon.

Trois pièces, belles épreuves, marges.

DENON (V.)

640 — La duchesse de Courlande. — Mme Cotellini.

Deux pièces, très belles épreuves.

641 — Portrait de Joly père, garde du cabinet des estampes.

Très belle épreuve ; avec la contre-épreuve.

642 — Marini (Isabelle-Teottochi), depuis comtesse Albrizzi. d'après Mme Vigée-Lebrun, in-8 et in-12.

Trois pièces dont deux avant la lettre.

643 — La Comtesse Albrizzi, dans un médaillon ovale. — Le même Personnage la main appuyé sur un livre.

Deux pièces, très belles épreuves, avant la lettre.

644 — Mme Mosion, coiffée d'un chapeau, in-4.

Superbe épreuve. Rare.

645 — Plantin, imprimeur. — Le Titien. — Antoine Suntach.

Trois pièces, dont deux avant la lettre.

646 — Zani (L'abbé).

Quatre pièces, dont trois épreuves d'essai sur papiers différents.

647 — La Duchesse de Parme. — Catherine Citto. — Les Sœurs Cotellini. — La Duchesse de Rosenberg. etc.

Six pièces, très belles épreuves avant la lettre.

648 — Duport, célèbre violoncelle. — Aubourg. — Las Casas. — Quirini, etc.

Huit pièces, très belles épreuves.

DESCOURTIS

649 — Wilhelmine de Prusse, princesse d'Orange, in-fol.

> Très belle épreuve, en couleur, grandes marges.

DESROCHERS

650 — Villars (Louis-Hector, duc de), d'après H. Rigaud.

> Très belle épreuve avant le nom du graveur, et avec quatre vers seulement ; plus une épreuve d'un état postérieur, retouchée, et avec huit vers.

DE VAUX (Th. de)

651 — L'abbé Prévost, d'après Schmidt.

> Deux épreuves dont une avant toute lettre.

DEVÈRE

652 — Cagliostro (Le comte de), d'après Guérin. — Louis René, prince de Rohan-Guéménée, évêque, prince de Strasbourg.

> Deux pièces, la dernière avec toute sa marge.

DREVET (P.)

653 — Arnault (Ant.), d'après J.-B. de Champagne (D. 14).

> Très belle épreuve, marges.

654 — Nicolas Boileau-Despréaux, d'après Rigaud, in-fol. (D. 24).

> Très belle épreuve.

655 — Colbert (Jacq.-Nic.), archevêque de Rouen, d'après Rigaud (D. 33).

> Très rare épreuve du 1er état, avant la dédicace.

DREVET (P.

654 — Dangeau (Phil. de Courcillon, marquis de), d'après Rigaud (D. 36).

> Superbe épreuve, grandes marges.

657 — Delamet (Léonard), d'après Rigaud (D. 82).

> Très belle épreuve.

658 — Fourcy (Balth. de), d'après Rigaud (D. 50).

> Très belle épreuve du 2e état, avant la dédicace et avant que le vers latin ait été effacé.

659 — Pierre Gillet, d'après Rigaud (D. 68).

> Très belle épreuve, marges.

660 — Keller (Jean-Baltazar), commissaire général des Fontes de l'artillerie de France, d'après Rigaud (D. 76).

> Très belle épreuve, marges.

661 — Le Pelletier (Claude), contrôleur général des finances, d'après Mignard (D. 86).

> Très belle épreuve, marges.

662 — Rigaud (Hyacinthe), tenant un crayon, d'après lui-même (D. 112).

> Très belle épreuve.

DREVET (P.-Imbert)

663 — Lecouvreur (Adrienne), d'après Coypel (D. 24).
> Très belle épreuve, un peu rognée en bas.

664 — Neufville de Villeroy (Fr.-P. de), archevêque de Lyon, d'après Santerre (D. 28).

> Très belle épreuve.

DREVET (P.-Imbert)

665 — Orléans (Louis, duc d'), fils du Régent, d'après
Coypel (D. 21).

> Très belle épreuve du 1er état, avant l'inscription sur le socle,
> Collection Gawet.

666 — Le même Portrait.

> Belle épreuve, marges.

667 — Palatine (Élisabeth-Ch. de Bavière, duchesse
d'Orléans, dite la Princesse), d'après H. Rigaud (D.
37).

> Épreuve du 1er état avant le texte au verso ; plus une épreuve
> avec le texte.

668 — Tressan (Louis de la Vergne de), archevêque de
Rouen, agenouillé devant la Vierge (D. 31).

> Très belle épreuve.

669 — Mailly (François de), cardinal-archevêque de
Reims, d'après Van-Loo, in-fol. (D. 26).

> Superbe épreuve.

DREVET (Cl.)

670 — Milon (Alex.), évêque, comte de Valence, d'après
Rigaud (D. 11).

> Très belle épreuve.

DUCHANGE (G.)

671 — Coypel (Antoine), près d'un chevalet, avec son
fils, d'après Coypel.

> Très belle épreuve, marges.

DUCHANGE (G.)

672 — Mademoiselle Legras, fondatrice et première supérieure des Filles de la Charité, in-fol.

> Très belle épreuve.

673 — Louis XV, roi de France. jeune.

> Très belle épreuve.

DUFLOS (CL.)

674 — Beauvilliers de Saint-Aignan. évêque de Beauvais, d'après Fontaine.

> Très belle épreuve.

675 — Coignard (Jean-Baptiste), imprimeur du roi. in-fol.

> Belle épreuve, marges.

676 — Son Portrait, d'après Vanhast. — Nicolas de Fer. géographe.

> Deux pièces, très belles épreuves, marges.

677 — Leclerc (Sébastien), dessinateur et graveur de la maison du roy.

> Superbe épreuve d'un 1ᵉʳ état, avec la tablette à coins réguliers, avant le collier et la croix autour des armes et avec une seule ligne au-dessous du nom.

678 — Le même Portrait.

> Trois épreuves avec des changements dans la lettre.

679 — Orléans (Philippe d'), régent. d'après Santerre. — Philippe V. roi d'Espagne.

> Deux pièces, belles épreuves.

680 — Richard. fils d'un médecin de Bordeaux. d'après Picart le fils.

> Très rare épreuve avant toutes lettres, seulement les armes.

DUFLOS (Cl.)

681 — Suite de Portraits pour les *Histoires et preuves généalogiques de la Maison de Gondy.*

Vingt-sept pièces, très belles épreuves.

DUFLOS (Pierre)

682 — Marie-Antoinette, en grand costume, d'après Touzée.

Superbe épreuve avant toutes lettres, grandes marges.

683 — Portraits tirés du *Recueil d'Estampes représentant les grades, les rangs et les dignités, suivant le costume de toutes les nations.*

Cinquante portraits en pied, dont quarante-un coloriés, toute marge.

DUHAMEL

684 — Provence (Louis-Stanislas-Xavier, comte de), d'après Marillier. — Marie-Josèphe-Louise, princesse de Savoie, comtesse de Provence : deux portraits différents.

Trois pièces, très belles épreuves, toutes marges.

DUMÉNIL

685 — Artois (Marie-Thérèse de Savoye, comtesse d'), d'après Campara.

Belle épreuve.

DUPIN Fils

686 — Artois (Charles-Philippe, comte d'), colonel général des Suisses, d'après Hall.

Superbe épreuve d'un 1er état avec les noms de peintre et de graveurs de chaque côté de l'estampe, avant la dédicace, toute marge.

DUPIN FILS

687 — Le même Portrait.

Deux très belles épreuves, la tête retouchée, dont l'une avec la dédicace, et l'autre avec l'adresse ajoutée, toute marge.

688 — Provence (Marie-Jeanne-Louise de Savoie, Madame, comtesse de), d'après Drouais.

Très belle épreuve avant que la coiffure ait été changée et ornée de plumes, toute marge.

689 — Le même Portrait.

Belle épreuve avec la coiffure changée, toute marge.

DUPONCHELLE

690 — Leczinska (Marie), princesse de Pologne, reine de France, d'après Nattier, in-8.

Superbe épreuve, toute marge.

DUPUIS (C.)

691 — Largillière (Nicolas de), d'après Geulain.

Très belle épreuve, avant divers travaux, notamment avant des rides sur le front, toute marge.

692 — Largillière (N. de). — Nicolas Coustou, d'après Le Gros.

Deux pièces, belles épreuves.

693 — Perdrigeon (Marie-Fr.), épouse d'Étienne Boucher, en pied, d'après Raoux.

Très rare épreuve avant toutes lettres (la lettre manuscrite) : avec une déchirure en haut.

DUPUIS (N.)

694 — D'Heuzy (Jacques), d'après Van'oo.

Très belle épreuve, marge.

695 — Garrick (D.), acteur anglais, d'après Cochin.

Deux épreuves, dont une avant toute lettre.

696 — Louis IX; dauphin, père de Louis XVI, d'après Restout.

Deux très belles épreuves, dont une avant toutes lettres.

697 — Duchange (Gaspard). — J.-B. Lemoine le fils. — Léon Ménard. — Ch. Parrocel.

Quatre pièces, très belles épreuves.

DUVAL (L.)

698 — La Pérouse (J.-F.-Galaup de), célèbre voyageur, in-8.

Très belle épreuve avant la lettre, marges.

EDELINCK (G.)

699 — Son Portrait, d'après Tortebat, gravé par R. Devaux, son élève.

Très belle épreuve.

700 — Arnauld d'Andilly (Robert), conseiller d'Etat, d'après Philippe de Champagne (R. D. 142).

Epreuve d'essai avant les derniers travaux ; plus une épreuve du 2ᵉ état avant la planche réduite.

701 — Berry (Charles, duc de), d'après de Troy (R. D., 147). — Géd. Berbier du Metz, président de la Chambre des Comptes, d'après Rigaud (R. D. 190).

Deux pièces, belles épreuves.

EDELINCK (G.)

702 — Blampignon (Nic.), curé de Saint-Merri à Paris
(R. D. 153).

Très belle épreuve du 2ᵉ état, avant l'adresse; grandes marges.

703 — Bossuet (Jacques-Bénigne), évêque de Meaux.
d'après Rigaud (R. D. 156).

Superbe épreuve du 1ᵉʳ état, avant les points à la suite du nom
de Rigault ; plus une épreuve du 2ᵉ état.

704 — Bragance (Isabelle de), infante de Portugal, d'a-
près Hallé (R. D. 160).

Très belle épreuve. Rare.

705 — Descartes (Réné). d'après Franc Hals (R. D. 181)

Très belle épreuve du 1ᵉʳ état, avant l'adresse, marges.

706 — Du Laury (Rémi), prévost de l'église Saint-Pierre-
de Lille (R. D. 188).

Superbe épreuve.

707 — Épernon (Anne-Louise-Chr. de Foix, de la Va-
lette d'), religieuse carmélite (R. D., 195).

Très belle épreuve, grandes marges.

708 — Ferdinand, évêque de Paderborn, d'après Miche-
lin (R. D. 202). 1ᵉʳ état. — Le même Personnage
(R. D. 203), 3ᵉ état.

Deux pièces, belles épreuves.

709 — Feuillet (N.), chanoine de Saint-Cloud (R. D. 204),
2ᵉ état. — Ch. Gobinet, principal du collège du
Plessis à Paris (R. D. 215)

Deux pièces, belles épreuves.

710 — Hameau (André), docteur de Sorbonne, d'après
Vivien (R. D. 221).

Belle épreuve du 1ᵉʳ état, avant les vers ; plus une épreuve du
2ᵉ état, avant l'adresse de Desrochers.

EDELINCK (G.)

711 — Louis XIV, buste couronné de lauriers, d'après
J.-B. Corneille (R. D. 255).

> Belle épreuve du 1er état.

712 — Mansart (Jules-Hardouin), architecte, en buste,
d'après Vivien (R. D. 267), 2e état. — Le même
Personnage, vu jusqu'aux genoux, d'après Rigaud
(R. D. 268), 2e état, avant l'adresse.

> Deux pièces, belles épreuves.

713 — Miramion (Mme de), d'après De Troy, in-4 (R. D.,
275). — Le même Personnage, in-8 (R. D. 276).

> Deux pièces, très belles épreuves.

714 — Noailles (Ant.-Jules, duc de), maréchal de France,
d'après Rigaud (R. D. 284).

> Très belle épreuve du 1er état, toute marge.

715 — Pascal (Blaise), in-fol. (R. D. 290). — Le même
Personnage, tiré des *Grands Hommes de Perrault*
(R. D. 289).

> Deux pièces très belles épreuves, grandes marges.

716 — Pinette (Nicolas), conseiller du Roy (R. D. 297).

> Très belle épreuve du 1er état, avant les coins et la date, gran-
> des marges.

717 — Racine (Jean), de l'Académie française (R. D.
302).

> Deux épreuves, dont une du 1er état, avec la particule *de* avant
> le mot Racine, et l'autre du 2e état; plus une copie de même
> grandeur.

718 — Rigault (Nicolas), garde de la bibliothèque du
Roi (R. D. 304).

> Deux épreuves, dont une du 1er état, avant les armes.

EDELINCK (G.)

719 — Saint-Remy (Pierre-Surirey de). d'après Rigaud
(R. D. 310),

> Très belle épreuve du 1er état, avec les mots. : *Commissaire
> provincial...*

720 — Santeul (Jean-Bapt.). d'après Du Mée (R. D. 311).
— Eustache Teissier. d'après Bouys (R. D. 325).
2e état.

> Deux pièces, très belles épreuves.

721 — Silvestre (Israël). dessinateur et graveur. d'après
Le Brun (R. D. 319).

> Belle épreuve, avec la vue de Paris.

722 — Arnauld (Antoine), (R. D., 140).— Bussy Rabutin
(R. D. 162 . — Philippe Quinault), (R. D., 301).
1er et 2e états. — Jacques Savary (R. D. 314).

> Cinq pièces, belles épreuves.

723 — Blaisy (le baron de), (R. D. 152.) — Jean Rouillé.
comte de Meslay (R. D. 273). — Ulrique Eléonore.
reine de Suède (R. D. 331). 3e état.

> Trois pièces, belles épreuves.

724 — Fléchier. évêque de Nîmes (R. D. 205). — Ant.
Furetière (R. D. 209). — Maurice Letellier. archevêque, duc de Reims (R. D. 245). 2e état. — L. Mo-
réri (R. D. 280), 2e état.

> Quatre pièces, belles épreuves.

725 — Ghérardi (Evariste), comédien italien (R. D. 214),
2e état. — Gourville (Jean Hérault de) (R. D. 218).
— Mascaron, évêque et comte d'Agen (R. D. 270).

> Trois pièces, in-8, belles épreuves.

EDELINCK (G.)

726 — Bloémart (Abr.). — Van Bouc. — Jean Cousin. —
Albert Durer. — H. Goltzius. — Gilles Sadeler. —
Le Titien.

Sept pièces, belles épreuves.

727 — Portraits tirés de la *Galerie des Grands Hommes,*
de Perrault.

Quarante-huit pièces et le frontispice, belles épreuves, toute
marge.

EDELINCK (J.)

728 — Marie de l'Incarnation, première supérieure des
Ursulines.

Épreuve du 1er état, avant toutes lettres; plus une épreuve
avec la lettre.

729 — Sanson (Nicolas), géographe du roy, né à Abbe-
ville, d'après Daret.

Très rare épreuve d'essai, l'ovale seul, avant toutes lettres, avec
la marge du cuivre.

730 — Le même Portrait.

Très rare épreuve d'essai avant le cadre, l'ovale tracé à la pointe;
plus une épreuve terminée avec la lettre.

EDELINCK (N.)

731 — Baillet (Adrien).

Très belle épreuve, avant toutes lettres ; plus une épreuve avec
la lettre.

732 — Campra, maître de musique de la chapelle du
Roi. — Nicolas Malebranche, en deux états. — Hou-
dart de La Motte.

Quatre pièces, belles épreuves.

ELLUIN

733 — Duplant (Rosalie), de l'Académie royale de musique, d'après Leclerc.

> Deux belles épreuves, dont une avant l'adresse de Crépy.

FAVANNE (DE)

734 — Girard (Pierre-Jacques-Fr.), ancien officier de marine.

> Belle épreuve. Rare.

FESSARD (ET.)

735 — Hoin (Fr.-Jacq.), docteur en médecine. d'après J.-B. Hoin.

> Très belle épreuve, toute marge. Très rare.

736 — Luynes (Paul d'Albert de), cardinal-archevêque de Sens, d'après Latinville.

> Très belle épreuve, marges.

737 — Marin (L.-Fr.), secrétaire-général de la Librairie de France, d'après Cochin.

> Très belle épreuve, toute marge.

FESSARD (M.)

738 — Leclerc de Juigné (Ant.). archevêque de Paris, Nogaret, in-fol.

> Deux très belles épreuves, dont une avant la lettre.

739 — Marie-Thérèse, médaillon sur un mausolée, d'après P.-L. Durand.

> Belle épreuve.

FIQUET (Et.)

740 — Arioste (L'), d'après Titien.

> Deux pièces dont une du 1ᵉʳ état avant toute lettres et l'autre du
> 5ᵉ état ; toute marge.

741 — Eisen (Charles), dessinateur, d'après Vispré.

> Belle épreuve du 5ᵉ état, marges.

742 — La Fontaine, avec la Fable du *Loup et de
l'Agneau*, sur le socle.

> Épreuve du 7ᵉ état, marges.

743 — La Mothe Le Vayer, d'après Nanteuil.

> Belle épreuve du 4ᵉ état, avant les noms d'artistes ; plus une
> épreuve du 5ᵉ état.

744 — Maintenon (Mᵐᵉ de), d'après Mignard.

> Belle épreuve.

745 — Montaigne, d'après Dumoustier.

> Belle épreuve du 4ᵉ état.

746 — Saugrain, libraire.

> Très belle épreuve, toute marge.

747 — Chennevière, 2ᵉ état. — Descartes, 5ᵉ état. —
J.-J. Rousseau, 8ᵉ état. — Regnard, 4ᵉ état. — Vadé.
— Voltaire, 5ᵉ état.

> Six pièces, belles épreuves.

748 — Dortous de Mairan (Jean-Jacques), d'après Tocqué, in-4.

> Très belle épreuve, marges.

749 — Les Appelans : Pierre de la Broue, Jean Soanen.
Ch. Joach. Colbert et Pierre de Langle, in-fol.

> Belle épreuve.

750 — Portraits de la Suite d'Odieuvre.

> Vingt-quatre pièces, belles épreuves, la plupart avant que
> l'adresse ait été effacée.

FLIPART (J.-J.)

751 — Favart (Mme), de profil. d'après Cochin.

    Très rare épreuve à l'eau-forte pure.

752 — Le même Portrait.

    Superbe et très rare épreuve du 1er état, avec le nom du personnage dans la tablette, grandes marges.

753 — Le même Portrait.

    Très belle épreuve du 2e état avec quatre vers dans la tablette mais avant les mots : *Frontispice du tome V*, marges.

754 — Greuze (J.-B.), peintre du roi. d'après lui-même.

    Très rare épreuve à l'eau-forte pure.

755 — Le même Portrait.

    Très rare épreuve à l'eau-forte pure, mais avec quelques travaux de plus dans les cheveux, toutes marges.

756 — Le même Portrait.

    Très belle épreuve, toute marge.

FOSSÉYEUX (J.-B.)

757 — Hagnon (Jean-Antoine), économe du château royal de Bicêtre. d'après Boissier.

    Très belle épreuve, toute marge.

FRANÇOIS (J.-C.)

758 — Denis (Jean-Franç.), trésorier-général des bâtiments. — Marg.-Claude Denis, née de Foissy.

    Deux pièces, très belles épreuves à la sanguine, toute marge.

759 — Les mêmes Portraits.

    Très belles épreuves en bistre, marges.

760 — Leclair l'aîné (J.-Marie). de Lyon.

    Très belle épreuve, grandes marges.

FRANÇOIS (J.-C.)

761 — Louis XV, roy de France. — Marie de Pologne, reine de France, in-fol.

Deux pièces, belles épreuves à la sanguine.

762 — Louis, dauphin de France, en habit de dragon, d'après Aubry, in-fol.

Belle épreuve à la sanguine.

763 — Lorraine (Joseph de), archiduc d'Autriche, d'après J.-B. Florian, in-4.

Deux épreuves, dont une avant toutes lettres.

764 — Quesnay (D.-François), d'après Frédou, in-fol.

Très belle épreuve, marges.

765 — Le comte de Saint-Florentin, d'après Frédou. — Louis, duc d'Orléans. — Alexandre Savérien, né à Arles.

Trois pièces, belles épreuves.

766 — Ségur (Jean-Charles), évêque de Saint-Papoul. — Marie-Anne-Fr. de Ségur de Pontchat, abbesse de Gif.

Deux pièces, très belles épreuves, marges.

767 — Portraits des Philosophes modernes, gravés dans la manière du crayon, in-fol.

Douze pièces à la sanguine, toute marge.

768 — Quelques Portefeuilles.

PORTRAITS EN BISTRE

Collections de Portraits inédits ou rares de Personnages célèbres

REPRODUITS NOUVELLEMENT PAR LA GRAVURE

Publiés par VIGNÈRES, M^d d'Estampes

Rue de la Monnaie, 21 (ancien 13), à l'entre-sol

<table>
<tr><td>ALBANY (Louise-Max. de Stolberg, comtesse d'). Gravée par Adolphe Varin</td><td></td></tr>
<tr><td>AMOROS, colonel, fondateur de la gymnastique en France.</td><td>id.</td></tr>
<tr><td>ARGOUT (Antoine-Maurice-Apollinaire, comte d')</td><td>J. Porreau.</td></tr>
<tr><td>AUBIGNÉ (Théodore-Agrippa d'). historien, 1550-1630.</td><td>Adolphe Varin.</td></tr>
<tr><td>BABEUF (F.-N.-Gracchus), journaliste.</td><td>J. Porreau.</td></tr>
<tr><td>BARÈRE (Bertrand), de Vieuzac, conventionnel.</td><td>id.</td></tr>
<tr><td>BEAUHARNAIS (comtesse Stéphanie de), poëte, romancière.</td><td>Sisco.</td></tr>
<tr><td>BERRUYER, général, commandant des Invalides.</td><td>J. Porreau.</td></tr>
<tr><td>BERTRAND DE MOLLEVILLE, marquis, ministre, littérateur.</td><td>id.</td></tr>
<tr><td>BEUGNOT (J.-C. comte), député, ministre.</td><td>id.</td></tr>
<tr><td>BIÈVRE (marquis de), célèbre auteur de calembours.</td><td>id.</td></tr>
<tr><td>BLANCHARD (Madeleine-Sophie-ARMAND, Madame), aéronaute.</td><td>id.</td></tr>
<tr><td>BONJOUR (Casimir), auteur dramatique.</td><td>id.</td></tr>
<tr><td>BORGHÈSE (Camille-Philippe-Louis), prince.</td><td>id.</td></tr>
<tr><td>BOSSUT (Charles), mathématicien.</td><td>id.</td></tr>
<tr><td>BRAZIER (Nicolas), auteur dramatique, d'après Marlet.</td><td>id.</td></tr>
<tr><td>BRISSOT (J.-P.), de Varville, conventionnel.</td><td>id.</td></tr>
<tr><td>CANCLAUX (J.-B. Camille, comte de), général, pair.</td><td>id.</td></tr>
<tr><td>CAYLA (comtesse de), née Talon, d'après le baron Gérard.</td><td>Massard.</td></tr>
<tr><td>CHAROLAIS (L.-A. de Bourbon, Mlle de), en moine.</td><td>Adolphe Varin.</td></tr>
<tr><td>CLOUET (François), dit JANET, peintre de portraits.</td><td>J. Porreau.</td></tr>
<tr><td>COCHON, comte de L'APPARENT, conventionnel, ministre.</td><td>id.</td></tr>
<tr><td>DEBUREAU, acteur des Funambules, Pierrot.</td><td>id.</td></tr>
<tr><td>DE FERMONT (comte), député, conseiller d'État.</td><td>id.</td></tr>
<tr><td>DEVIENNE, actrice, Théâtre-Français.</td><td>Normand.</td></tr>
<tr><td>DILLON (Arthur), gouverneur en Amérique, député.</td><td>Adolphe Varin.</td></tr>
<tr><td>DONADIEU, baron, général de division.</td><td>J. Porreau.</td></tr>
<tr><td>DORAT-CUBIÈRES-PALMEZEAUX, poëte, auteur dramatique.</td><td>id.</td></tr>
<tr><td>DROUET, maître de poste à Sainte-Ménehould.</td><td>Adolphe Varin.</td></tr>
<tr><td>DROZ (Joseph), littérateur, académicien.</td><td>J. Porreau.</td></tr>
<tr><td>DUCHESNE aîné, conservateur du Cabinet des estampes.</td><td>id.</td></tr>
<tr><td>DUCOS (Roger), avocat, constituant, 3e consul provisoire.</td><td>id.</td></tr>
<tr><td>ÉLIE DE BEAUMONT, avocat au Parlement de Paris.</td><td>Devritz.</td></tr>
<tr><td>EMPIS (Adolphe), auteur dramatique.</td><td>J. Porreau.</td></tr>
<tr><td>EPAGNY (d'), poëte dramatique.</td><td>id.</td></tr>
<tr><td>FABRE DE L'AUBE (comte), député, pair, littérateur.</td><td>id.</td></tr>
<tr><td>FIÉVÉE (J.), littérateur, auteur dramatique.</td><td>id.</td></tr>
<tr><td>FRÉRON (Louis-Stanislas), conventionnel.</td><td>id.</td></tr>
<tr><td>FROCHOT, comte, préfet, député.</td><td>id.</td></tr>
<tr><td>GARNERIN (A.-J.), inventeur du parachute.</td><td>id.</td></tr>
<tr><td>GARNERIN (Elisa), aéronaute.</td><td>id.</td></tr>
<tr><td>GAUDIN, duc de Gaëte, ministre des finances.</td><td>id.</td></tr>
<tr><td>GENLIS (A. Brulard, comte de), cap. des gardes, conventionnel.</td><td>id.</td></tr>
<tr><td>GEOFFROI (J.-L.), critique, journaliste.</td><td>id.</td></tr>
<tr><td>GODOI (don Manuel), prince de la Paix.</td><td>Adolphe Varin.</td></tr>
<tr><td>GOUFFÉ (Armand), chansonnier, vaudevilliste.</td><td>J. Porreau.</td></tr>
<tr><td>GUIMARD (Mademoiselle), danseuse.</td><td>id.</td></tr>
<tr><td>HOLBACH (Madame la baronne d')</td><td>Adolphe Varin.</td></tr>
</table>

Jones (Paul), intrépide marin en Amérique.	Adolphe Varin.
Jouffroy (Théodore-Simon), professeur, académicien	J. Porreau.
Jousselin de Lasalle, homme de lettres	id.
Kant (Emmanuel), philosophe allemand.	Bracquemond.
Lacalprenède (Gauthier de Costes, seign. de), romancier.	Adolphe Varin.
Lainé (J.-H., vicomte), ministre et académicien.	J. Porreau.
Lamballe (princesse de), dessinée d'après nature par Gabriel.	id.
Lasource (M.-David-Albin de), député du Tarn.	id.
Laterrade, amateur d'estampes historiques.	id.
Lavallière (L.-F. de La Baume, duchesse de).	id.
Lenormand (Mademoiselle), nécromancienne.	id.
Lucotte (Edme-Aimé), lieut.-général, comte, né à Dijon.	id.
Mailhe (Jean), député à la Convention.	Adolphe Varin.
Maine (L.-A. de Bourbon, duc du)	id.
Marat, à la tribune, dessiné d'après nature par Gabriel.	J. Porreau.
Martin (Louis-Aimé), littérateur.	id.
Maurepas (J.-Fréd. Phelypeaux, comte de), ministre.	id.
Mazères (Édouard), auteur dramatique.	J. Porreau.
Mesmer, auteur du magnétisme animal.	id.
Mézerai, actrice, Théâtre-Français.	Normand.
Montcalm (Marquis de), commandant en Amérique.	Adolphe Varin
Orléans, duc de Montpensier (Ant.-Philippe d'), 1773-1807.	J. Porreau.
Perscis (L. Loiseau de), musicien, d'après Pierre Guérin.	id.
Petiet (Claude), député, ministre de la guerre.	id.
Philidor (André-Danican), musicien, auteur du jeu d'échecs.	id.
Pilon (Germain), sculpteur, 1550,	id.
Pixérécourt (Guibert de), fac-simile, d'après J. Boilly, in-4.	id.
Polignac (Madame la duchesse de).	Adolphe Varin.
Pongerville (Samson de), académicien.	J. Porreau.
Pontus de la Gardie, général en Suède.	id.
Ramel-Nogaret, ministre des finances, préfet.	id.
Récamier (Madame), d'ap. Cosway.	id.
Reveillère-Lepaux, botaniste, théophilanthrope.	id.
Robert-Lindet, député, conventionnel, ministre.	id.
Romme (Gilbert), conventionnel.	id.
Rouget de l'Isle, auteur de *la Marseillaise*, musicien.	Adolphe Varin.
Saint-Huruge (marquis de).	J. Porreau.
Saint-Prix, acteur, Comédie-Française.	id.
Saint-Simon (Claude-H., comte de), philosophe.	Perrot.
Silvain-Maréchal, poëte et littérateur.	Devritz.
Tallien (Madame), née Cabarus, d'après le baron Gérard.	Massard.
Tocqueville (Alexis de).	Adolphe Varin.
Treilhard (J.-B., comte), député, ministre, etc,	J. Porreau.
Tronson du Coudray, avocat, du Conseil des Anciens.	id.
Vadier (A.), député aux États-Généraux.	id.
Vatout (J.), poëte, académicien, bibliothécaire.	Adolphe Varin.
Vèze (Baron Ch. de), amateur d'estampes, œuvre de Watteau.	J. Porreau.
Vigée (L.-G.-B.-E.), poëte et auteur dramatique.	J. Porreau.
Westermann, général, d'ap. le Physionotrace.	id.
Cartouche (Louis-Dominique), fameux voleur.	Lallemand.
Mandrin (Louis), fameux contrebandier.	Delaistre.

Chaque portrait pouvant entrer dans un in-8° est tiré in-4°.
Avec la lettre, papier blanc, 1 fr.; papier de Chine, 1 fr. 25 c.
Avant la lettre, papier blanc, 2 fr.; papier de Chine, 2 fr. 50 c.
Dont il n'est tiré que 20 épreuves blanc et 5 Chine.

Vᵉ Renou et Maulde, imprimeurs de la Compagnie des Commissaires-Priseur
rue de Rivoli, 144   500-- 55690

www.ingramcontent.com/pod-product-compliance
Ingram Content Group UK Ltd.
Pitfield, Milton Keynes, MK11 3LW, UK
UKHW031839170726
13836UKWH00004B/1780